留学生本科必修课系列教材

第二版

5

U0953276

汉语纵横 Jump High

A Systematic Chinese Course

会话课本 Conversation TEXTBOOK

贾放　胡秀梅　编著

北京语言大学出版社
BEIJING LANGUAGE AND CULTURE UNIVERSITY PRESS

图书在版编目（CIP）数据

汉语·纵横会话课本. 5 / 贾放，胡秀梅编著.
—北京：北京语言大学出版社，2012. 5 （2021.3 重印）
留学生本科必修课系列教材
ISBN 978-7-5619-3282-7

Ⅰ. ①汉… Ⅱ. ①贾… ②胡… Ⅲ. ①汉语－口语－对外汉语教学－教材 Ⅳ. ①H195.4

中国版本图书馆CIP数据核字(2012)第086109号

书　　名：汉语·纵横　会话课本5
责任印制：周　燚

出版发行：北京语言大学出版社
社　　址：北京市海淀区学院路15号　　邮政编码：100083
网　　址：www.blcup.com
电　　话：发行部　010-82303650 / 3591 / 3648
编辑部　010-82303647 / 3592 / 3395
读者服务部　010-82303653 / 3908
网上订购电话　010-82303668
客户服务信箱　service@blcup.net
印　　刷：北京印迪狗数码科技有限公司
经　　销：全国新华书店

版　　次：2012年5月第1版　　2021 年 3 月第 2 次印刷
开　　本：889毫米×1194毫米　1/16　　印张：13.5
字　　数：260千字
书　　号：ISBN 978-7-5619-3282-7 / H · 12062
定　　价：56.00元

第二版前言

《汉语 · 纵横》是《外国学生汉语言专业本科系列教材》(中国社会科学出版社，2004 年)的修订版，包括汉语精读、汉语会话、汉语听力、汉语写作、外汉翻译五大纵向技能，从预科到三年级下册七大横向层次，纵横匹配的留学生本科必修课系列教材，共计 38 册。

此次修订，主要体现在以下几方面。

一 补齐初版空缺的部分教材

目前国内设置的留学生本科学制一般为四年。四年级大多开设专业课、撰写毕业论文，汉语技能训练课一般安排在从预科到三年级下学期共计 7 个学期内学习。此次修订我们补齐了三年级下册的精读课本、三年级上下册的会话课本、汉语写作（上、下）以及英汉、日汉、韩汉翻译教程。这样本套教材在横向的七个层次、纵向的听说读写译五大技能的匹配上更为完善。

二 课本与练习各自独立成册

本系列教材练习题型多样，题量丰富，此次修订仍保留了这一特点。为便于学习和使用，将课本与相应练习各自独立成册。

三 词语表增加了词语在《汉语国际教育用音节汉字词汇等级划分》中所属等级

初版教材每册课本“词语总表”标注了每个词语在《高等学校外国留学生汉语言专业教学大纲》、《汉语水平词汇与汉字等级大纲》中所属等级，此次修订增加了词语在 2010 年 10 月颁布的《汉语国际教育用音节汉字词汇等级划分》中所属等级，方便使用者参考。

四 预科和一年级上册课本增加了英语注释

国内对外汉语教学模式一般都将汉语基础语法项目和语言点安排在初级阶段学习，而此时正是学习者汉语水平最低的阶段，讲解语法点和语言点会遇到一些专业术语，将增加学习负担。此次修订，我们采纳了使用者的意见，增加了预科、一年级上册两个等级各类教材的英语注释。

五 每册课本前增加了“使用说明”

每册课本前增加的“使用说明”，详细说明了本册课本的适用对象、课时安排、讲解重点以及注意事项。

六 版式设计更精美

北京语言大学出版社以出版对外汉语教材而享誉全球，此次修订在版式设计上更美观，图片精美，排版疏朗大方，更适合学习使用。

初版教材自出版以来受到广大使用者的普遍好评，2008 年获得北京师范大学本科教育优秀奖。现在《汉语 · 纵横》出版在即，我们全体编写者衷心感谢几年来教材使用者向我们提供的宝贵修改意见；衷心感谢北京师范大学汉语文化学院对本教材修订给予的支持和资助；衷心感谢北京语言大学出版社为编辑、出版第二版付出的大量认真辛苦的工作。

原编写委员会主任之一陈绂教授已退休多年，此次修订出版工作由马燕华全面负责。在此，本人衷心感谢全体编写人员对我的充分信任和大力支持。

《汉语·纵横》编写委员会主任　马燕华

使用说明

一 适用对象

本册教材适用于已经完成汉语本科二年级或同等学时学习、掌握了2800个汉语词语的外国学生。

二 课时安排

本册教材适用于每周4课时、共18周的会话课教学。全书共12课，每课建议6课时完成。

一般第1、2课时可用于热身训练、词语讲练和课文导读，提示学生关注本课"交际任务"。第3、4课时进行课文内容复述以及就本课话题进行讨论，并检查课后练习完成情况，进行词语、语段的熟巧性训练，最后布置"交际任务"。每课均有几种类型的任务供学生选择，布置时教师应注意具体指导以确保任务的落实。第5、6课时由学生分类汇报"交际任务"完成情况，教师点评、总结。

使用时亦可根据实际情况作适当调整。本册教材与本系列教材中的《精读课本5》配套使用，力图呼应精读课本中的话题并体现新词语的复现。

三 教材特点与教学建议

本教材选取了能够反映中国传统文化与中国社会现阶段生活特点的各类话题，注重知识性与趣味性、中国特点与国际化视野的结合。语言点的选用主要参照国家汉办《高等学校外国留学生汉语言专业教学大纲》(2002)中三年级的词语和语法范围。因为话题范围较为广泛，而且贴近当今社会生活，故课文中有一定数量的超纲词。从满足学生真实交际需要的角度考虑，我们对超纲词采取了较为宽容的态度。

本教材吸取了任务型教学的理念，通过每课的"交际任务"鼓励学生在做中学、用中学，将课堂上学到的语言材料立刻用于真实的交际，使课堂小环境的学习与课外大环境的学习有机结合起来，使目的语环境教学的优势得到充分发挥。使用时可充分鼓励学生利用完成"交际任务"的机会，多与目的语环境接触，提高实际交际能力。

四 特别说明

因融入任务型教学理念，会话课本5、6册部分练习与课文结合紧密，故将此两册的课本与练习册合并，不再各自独立成册。

编者　贾放　胡秀梅

目 录 Contents

1 大学生活

课 文 Text

话题背景

谁都知道现在上大学学费不便宜。所以很多学生不得不早早当家，除了念书，还得经常琢磨着怎么挣点儿钱。所以现在的大学校园里，努力兼职养活自己的“先进工作者”不在少数。

在校生“赚外快”的秘密武器

一、家教

收益：1000元左右/月。

技能要求：能辨别方向、认识公交线路、普通话标准。

这是多数人首先想到的赚钱方式，尤其适合低年级学生，他们刚刚经历了高考，从高考中脱颖而出，正是“现炒现卖”的好机会。不过，因为差不多谁都能干，所以想找份好的家教非常难。但如果你拥有一技之长，特别是有艺术类的特长，如会弹钢琴、拉小提琴等等，那处境就大不相同了。为了使孩子在未来激烈的竞争中独占鳌头，家长们对艺术类家教的需求十分迫切。所以在家教市场中，你无疑会十分抢手并得到较高的收入。

家教的风险来自中介，一般他们会收取100元左右的中介费。如果介绍成功，家长将负担其中的一半，也就是50元。当然，这个价格会因为城市消费水平的不同而略有差异。

回答问题

1. 校园里为什么有很多兼职的人？
2. 为什么低年级的学生做家教比较合适？

二、资源回收

收益：存在季节性差异，平均500元/月。

技能要求：勤快、不要太在意别人的目光。

这是最适合在夏天从事的兼职，既环保又不需要任何专业知识。在一个5000人规模的大学里，每天产生的空饮料瓶超过2000个。以每个瓶两毛钱计算，若是大规模回收，那也是一笔不小的收入。至于废纸，大学宿舍里最不缺的就是这个，期末考试之后去回收复印的笔记，也是一个好财源。但是你需要有吃苦耐劳和不怕白眼的精神。

需要提醒的是，一些校园里，不同的垃圾箱是由不同的大爷大妈控制的，他们从事这个行业已经多年。如果你真想干这个，请先确认一下会不会断了大爷大妈们的生活来源。另外，在你翻捡资源时，切记不可给环境造成二次污染。

回答问题

1. 课文中所谓的“资源回收”是什么意思？
2. 如果做资源回收，什么时候合适？为什么？
3. 什么人可能不喜欢学生从事资源回收工作？为什么？

三、做商调、发广告、促销

收益：计件或按时间计算。

技能要求：口才、勇气，一些大品牌往往还要求相貌。

给人家做商业调查，尤其是入户的，能锻炼与人沟通的能力和推销能力，为以后正式进入职场积累经验。如果你口才不错，甚至有三寸不烂之舌，那去促销手机或者数码产品无疑是更好的选择，因为自己需要的时候还能享受优惠。

不过，遭人拒绝是你在这个工作中必然面对的考验，所以你必须不断调整你的心态并保持微笑。这可不是一件容易的事，需要良好的心理素质。另外，发送广告时记得要确认该公司合法，别在大街上往人手里乱塞废纸，或者四处乱贴小广告。

回答问题

1. 做促销或商调，最能锻炼哪些方面的能力？
2. 发广告时要注意哪些问题？

四、翻译或编书

收益：计件，勤奋者每月1000~3000元。

技能要求：文笔、外语等。

这是文科和外语类同学比较欣赏的一种工作，和专业稍微挂点儿钩，让人少了些“耽误学业”的不安，也能够接触到一些翻译公司和出版社，对日后的就业或许会有些帮助。

这是一种真正意义上的脑力劳动。文笔出色的年轻人，往往能拿到稿费比较高的活儿。如果能经常有稿子做，那也算是自己养活自己的一条好出路。反正每天都要敲很多字，卖成钱，总比泡BBS灌水要有意义得多。

回答问题

1. 翻译和编书比较适合哪些专业的学生？为什么？

2. 这属于什么劳动？

五、研究所临时工

收益：千元以上，不同专业、导师出价不同。

技能要求：合作精神。

据说最早管导师叫老板的就是打这种工的同学，他们多数是理工或者经济类专业的学生。这类工作的收入，跟导师所拥有的项目数量和质量有关。学生出力帮老师干活，老师负责学生的生活费——这是一般情况，但想靠给老师打工发大财则是非分之想。

这份工作的好处是稳定，求职时也可以在简历上装点门面。

回答问题

1. 理工科和经济类的学生可以怎么赚钱？

2. 学生给导师打工主要的收获是什么？

六、网上开店或校园零售

收益：因人而异，看你的本事了。

技能要求：营销才能、广告才能、审美水平，擅长反杀价。

在网络时代，如果你还不会充分利用互联网，那你就out了。开一个网店，利用你独特的眼光和敏锐的商业头脑，抓住你身边的成千上万的客户资源，为将来的自主创业打下坚实的基础。

不过，网上开店或者校园零售要求有很灵活的头脑，不然货会砸在手里。如果没有经验的话，最好先磨炼磨炼，等到经验丰富了，再开始卖大宗物件。记住“物美价廉、薄利多销”是成功的法宝。

回答问题

1. 什么样的人开网店合适？
2. 开网店需要注意哪些问题？

七、读书

收益：无限可能。

技能要求：各个专业不同。

这根本不是兼职，而是学生的主业。读书一样能读出钱来，除了每年拿学校的奖学金，成为奖学金专业户之外，还可以去考各种证件，拿一个又一个的证书。计算机二级、托福、英语六级、跆拳道段位、二级厨师、导游资格、司法考试、紧急救护培训……现在用人单位的要求非常多样化，什么证书都可能派上用场。

如果考的证多得能打扑克，又拿了许多5分，英语说得比普通话还好，你就可以在各种招聘中叱咤风云了——尽管你没卖过电话卡，也没当过小书商，但你还是可以选择收入最高的工作。一年之后，你就可以挣出几倍于他们四年校园兼职挣的钱。这就是隐忍不发，一鸣惊人——谁说书里没有黄金屋？

回答问题

1. 与其他赚钱方式相比，读书有什么好处？
2. “黄金屋”是什么意思？

选自《东南西北·大学生》

词语表 Vocabulary

1.	兼职	jiān zhí	离	在本职之外兼任其他工作职务。 在公司兼职/兼职教师
2.	脱颖而出	tuō yǐng ér chū		颖：尖儿。比喻人的才能全部显露出来。 他从众多竞争者中脱颖而出。
3.	独占鳌头	dú zhàn áotóu		科举时代指中状元。后比喻成绩突出，占首位或第一名。 在这次比赛中，他独占鳌头并最终打破了世界纪录。
4.	迫切	pòqiè	形	紧急且非常重要。 需求十分迫切/迫切的需要
5.	抢手	qiǎngshǒu	形	（货物等）很受欢迎，购买的人很多。 这款手机很抢手/抢手的买卖
6.	中介	zhōngjiè	名	媒介，在中间起沟通作用的人或事物。 职业中介/房屋中介/中介公司
7.	回收	huíshōu	动	把物品收回再利用。 资源回收/回收旧物

8.	勤快	qínkuai	形	爱劳动。 勤快的女孩/很勤快
9.	在意	zài yì	离	放在心上，留意（多用于否定式）。 别在意！/不太在意/在不在意
10.	吃苦耐劳	chī kǔ nài láo		耐：禁受得住。能过困苦的生活，也经得起劳累。 吃苦耐劳的人/吃苦耐劳的精神
11.	白眼	báiyǎn	名	眼睛向上或向旁边看，现出眼白部分，是一种看不起人或不满意的眼神。 遭人白眼/白眼看人
12.	切记	qièjì	动	牢牢记住。 安全第一，切记切记！
13.	促销	cùxiāo	动	推动商品销售。 促销手段/商品促销
14.	口才	kǒucái	名	说话的才能。 好口才/他的口才不错。
15.	文笔	wénbǐ	名	写作的技巧和文章的风格。 文笔优美
16.	挂钩	guà gōu	离	比喻两者之间建立联系。 成绩与奖学金挂钩
17.	非分之想	fēifèn zhī xiǎng		非分：不属自己分内的。妄想得到本分以外的好处。 对我来说，环球旅行简直就是非分之想！
18.	因人而异	yīn rén ér yì		因人的不同而有差异，也指具体问题具体对待。 任何事情都是因人而异的，不可能完全一样。
19.	营销	yíngxiāo	动	经营销售。 营销手段/营销方法/网上营销

20.	敏锐	mǐnruì	形	（感觉）灵敏，（目光）尖锐。 敏锐的眼光/思维敏锐
21.	磨炼	móliàn	动	（在艰苦困难的环境中）经受锻炼，也作“磨练”。 在工作中磨炼自己/磨炼意志
22.	法宝	fǎbǎo	名	比喻用起来特别有效的工具、方法或经验。 多运动是保持健康的法宝。
23.	跆拳道	táiquándào	名	韩国格斗术，体育运动项目之一。韩文：태권도，英文：TAEKWONDO
24.	叱咤风云	chìzhà fēngyún		形容声势威力极大。 她曾经是个在商场上叱咤风云的女人。
25.	隐忍不发	yǐnrěn bù fā		把事情藏在心里不说。 他并不是没意见，只是隐忍不发。
26.	一鸣惊人	yì míng jīng rén		出自成语“不鸣则已，一鸣惊人”。一声鸣叫使人震惊。比喻平时没有特殊的表现，却突然做出惊人的成绩。 一鸣惊人的举动/他在昨天的晚会上一鸣惊人。

注释 Notes

1 他们刚刚经历了高考，从高考中脱颖而出，正是“现炒现卖”的好机会。

现……现……：表示为了某个目的而临时采取某种行动。现炒现卖，意思是马上炒，并趁热卖出去。文中指刚参加完高考，趁着复习的知识还没有忘记马上利用它。也说“现学现卖”，类似的还有“现买现做”、“现做现吃”等。

2 如果你口才不错，甚至有三寸不烂之舌，那去促销手机或者数码产品无疑是更好的选择。

三寸不烂之舌：俗语，比喻能说会辩的口才。例如：

① 就凭你的三寸不烂之舌，能把死人说活。

② 我不会说话，可没有你那样的三寸不烂之舌。

3 总比泡BBS灌水要有意义得多。

灌水：指在网络上发表言论，通常指无意义的废话。

4 求职时也可以在简历上装点门面。

装点门面：比喻为了好看而加以粉饰点缀。也说“装门面”。

5 网上开店或者校园零售要求有很灵活的头脑，不然货会砸在手里。

砸在手里：比喻事情失败了或表示东西卖不出去。也说“砸手里”。例如：

① 这款手机过时了，赶快降价处理了吧，否则就砸在手里了。

② 这么好的东西没卖出去，砸手里了吧，真可惜！

6 现在用人单位的要求非常多样化，什么证书都可能派上用场。

派上用场：“用场”意思是用途、作用，“派上用场”意思是有用。例如：

① 你准备的东西终于派上了用场。

② 这桌子好好的，别扔，说不定什么时候就会派上用场。

7 这就是隐忍不发，一鸣惊人——谁说书里没有黄金屋？

古人说：“书中自有颜如玉，书中自有黄金屋。”意思是只要好好读书，就可以得到荣华富贵。

交际任务 Tasks

一 小调查

调查对象：身边的留学生、中国大学生。

调查内容：在你们大学里，都有什么样的赚钱方式？

要　　求：1. 至少调查5个学生。

2. 自己设计调查问卷，调查后口头报告。

二 采访：大学期间忙着打工赚钱好不好？

要　　求：1. 采访几个不同身份的人，如：老师、父母、学生。

2. 比较并归纳他们观点的异同。

参考问题：1. 你的学费、生活费从何而来，父母还是自己？为什么？

2. 大学期间需要自己赚钱吗？为什么？

3. 打工与学习哪个重要？它们之间有矛盾吗？你如何处理？

4. 打工赚来的钱主要用来干什么？

5. 你赞成学生打工吗？为什么？

6. 打工的经历对毕业求职有帮助吗？

三 推荐一个你认为大学期间理想的赚钱方法

参考词语：兼职　抢手　擅长　口才　磨炼　敏锐

白眼　迫切　因人而异　一技之长　派上用场

非分之想　吃苦耐劳　成功的法宝　和……挂钩

练 习 Exercises

课文理解

一 简要复述课文大意

二 朗读下列句子，注意语气、语调

1. 谁都知道现在上大学学费不便宜。
2. 在你翻捡资源时，切记不可给环境造成二次污染。
3. 反正每天都要敲很多字，卖成钱，总比泡BBS灌水要有意义得多。
4. 在网络时代，如果你还不会充分利用互联网，那你就out了。
5. 这就是隐忍不发，一鸣惊人——谁说书里没有黄金屋？

三 根据课文内容填空

赚钱方式	适合对象	收入	好处	缺点
家教				
资源回收				
做商调、发广告、促销				
翻译或编书				
研究所临时工				
网上开店或校园零售				
读书				

词语练习

一 根据给出的解释，说出课文中对应的词语或说法

1. 比喻为了好看而加以粉饰点缀——
2. 比喻事情失败了或表示东西卖不出去——
3. 比喻成绩突出，占首位或第一名——
4. 比喻能说会辩的口才——

5. 比喻平时没有特殊的表现，却突然做出惊人的成绩——
6. 形容声势威力极大——
7. 妄想得到本分以外的好处——
8. 一种看不起人或不满意的眼神——
9. 因人的不同而有差异，也指具体问题具体对待——
10. 比喻人的才能全部显露出来——

二 词语归类

找出课文中和你知道的与“钱”类似的说法，如：收入。

三 选词填空

独占鳌头　　因人而异　　迫切　　法宝　　叱咤风云

非分之想　　脱颖而出　　挂钩　　口才　　在意

1. 为了迅速提高我的口语水平，我（　　　　）需要找一个辅导老师。
2. 因为她过分（　　　　）别人对她的看法，所以做任何事情都是小心谨慎的。
3. 听说你朋友（　　　　）不错，毕业以后可以考虑去当律师嘛。
4. 大多数公司都把员工的工作成绩与他们的收入（　　　　），以此鼓励员工。
5. 不是每个人都能通过这种途径减肥，任何事情都是（　　　　）的。
6. 要想在竞争中（　　　　），就必须使自己各方面都十分出色。
7. 你有什么（　　　　）能让这顽皮的孩子安静下来？
8. 这东西看起来真不错，可毕竟是别人的，你可千万别有什么（　　　　）。
9. 她从众多的选手中（　　　　），获得了这个机会。
10. 别看这老人样子普普通通的，当年也是（　　　　）的大人物呢。

四 用指定词语完成对话

1. A：最近他俩老是凑在一块儿，到底在干什么呀？

   B：________________________________。

   （琢磨　　促销）

2. A：没听说你还会干这个，真不简单啊！

   B：________________________________。

   （现炒现卖　　派上用场）

3. A：你注意到了吗？周围的人最近都在谈那款新手机。

B：____。

（在意　　抢手）

4. A：你说，我也能像姚明一样成名并赚大钱吗？

B：____。

（非分之想　　擅长　　因人而异）

5. A：二十多年来，他一直默默地努力，终于成功了。

B：____。

（一鸣惊人　　叱咤风云）

成段表达

一 模仿例子，完成句子

1. 谁都知道现在上大学学费不便宜。

谁都知道……。

2. 如果你拥有一技之长，那处境就大不相同了。

如果你拥有一技之长，那……。

3. 反正每天都要敲很多字，卖成钱，总比泡BBS灌水要有意义得多。

反正我不喜欢这个颜色，送给你，总比……。

4. 网上开店或者校园零售要求有很灵活的头脑，不然货会砸在手里。

……，不然就会砸在手里。

5. 现在用人单位的要求非常多样化，什么证书都可能派上用场。

……，什么都可能派上用场。

二 模仿例句，说一段话

1. 很多学生不得不早早当家，除了念书，还得经常琢磨着怎么挣点儿钱。

（1）快考试了，同学们不得不……，除了……，还得……。

（2）钱很快用完了，……不得不……，除了……，还得……。

（3）……，……不得不……，除了……，还得……。

2. 需要提醒的是，一些校园里，不同的垃圾箱是由不同的大爷大妈控制的，他们从事这个行业已经多年。如果你真想干这个，请先确认一下会不会断了大爷大妈们的生活来源。

（1）需要提醒的是，火车票很紧张。如果……，请先确认一下……。

（2）需要注意的是，安全……。如果……，请先确认一下……。

（3）需要……的是，……。如果……，请先确认一下……。

3. 如果能经常有稿子做，那也算是自己养活自己的一条好出路。反正每天都要敲很多字，卖成钱，总比泡BBS灌水要有意义得多。

（1）如果你熟悉网络，那也可以开网店。反正……，总比……要……得多。

（2）如果这就是学校的规定，那也……。反正……，总比……要……得多。

（3）如果……，那也……。反正……，总比……要……得多。

4. 尽管你没卖过电话卡，也没当过小书商，但你还是可以选择收入最高的工作。

（1）尽管你没有钱，也没有房子，但我还是……。

（2）尽管我没去过美国，也没……，但我还是……。

（3）尽管他……，也……，但……还是……。

自由表达

一 谈谈你对以下观点的看法

1. 书中自有黄金屋。
2. 大学期间的打工经历在求职时可以装点门面。

二 自由讨论

1. 大学期间，除了读书，花费你最多时间的是什么事情？
2. 你会选择课文中的哪种“赚外快”的方式？为什么？
3. 你大学期间打过工吗？说说你的打工经历。

4. 你打工的目的是什么？打工时你最看重的是什么？钱还是经历？
5. 大学生活中最值得珍惜的是什么？
6. 在你们国家，哪种工作是最受学生欢迎的？为什么？
7. 在你们国家，打工的学生常常从事哪些工作？为什么？
8. 你的父母和老师对你打工是什么态度？
9. 你打工赚来的钱主要用来干什么？
10. 利用网络的赚钱方式有哪些？

相关阅读

各国大学生求职形势

“玉在椟中求善价”是很多大学毕业生的就业心态，但找“饭碗”还得审时度势。因为高校毕业生就业形势不容乐观。如何找“饭碗”？不妨了解一下国外大学生毕业后的就业经历。

法国：爱上小企业

重视社会实践的法国非常注重培养学生面向社会的能力。学生的学习过程实际上就是寻找和选择职业的过程。在大学期间，毕业生的实习课程非常多。大多数人的实习期一般为4至6个月，通过实习，大学生们与各企业进行多层双向交流、双向认识，最后作出大家都比较满意的双向选择。其中许多毕业生不到4个月就获得第一份应聘合同，并享受中高级职员的待遇。

吸纳毕业生最多的是中小企业。许多人不为高薪所动，并不是哪儿钱多就往哪儿去，这部分人约占大学毕业生求职总人数的57%。根据对大学生职业选择的调查，金钱因素被排到了第十位之后。大学毕业生择业往往更注重个人爱好、社会效益以及职业发展前途。譬如不少人想当一名教师，收入不一定高，但工作稳定，受人尊重。

日本：求职最艰辛

对面临毕业的日本大学生来说，每年的1月至4月底，是决定其一生发展有无好的起点的关键。日本大学毕业生每年有四分之一找不到工作，即使辛辛苦苦通过各种考试找到了工作，因感觉不理想而在工作三年内辞职者就达30%。

在日本，很多学生从一年级开始就接受就业指导，分析自己的长处、缺点和适合自己干的工作。日本企业的用人观念也在变化。一味服从的人越来越不能适应新的形势，有理想、独立性强、有创造力、有干劲的人越来越受欢迎。特别是一些风险企业，大多是经营高新技术，无成功经验可循。

美国：不轻松的话题

前几年，学电脑、证券专业的学生火得不得了，找工作时“挑肥拣瘦”不说，工作后还要跳来跳去，“炒老板”曾经是他们最时髦的口头禅。而如今风光不再，能找到一个稳定的工作就算幸运了。由于整体就业形势严峻，美国大学生目前只能作出艰难的选择：一是不懈努力，直到找到称心如意的工作；二是放下身价，薪酬要求降低，将就接受能找到的工作；三是如经济条件允许，重回学校深造，换个专业或是攻读硕士、博士，以图将来更好地发展；四是找零活干干，先度过这段困难日子再说；五是万般无奈加入失业大军。

俄罗斯：理想的边缘

目前俄罗斯高校毕业生的就业情况同学校知名度、所学专业等诸多因素相关。统计表明，目前冶金和法律两个专业在市场上最走俏，社会对通信和交通方面的人才需求量在急剧上升。相比之下，艺术、体育、经济专业毕业生的就业安置较为困难，很多人不得不到其他行业寻找工作。专家们认为，年轻人大学毕业后未能就业主要是因为他们对工作的期望值过高。如果将高薪、体面、有发展前途作为择业的标准，是很难找到一份理想工作的。

瑞典：与市场共舞

以前一些著名院校，如瑞典皇家工学院、斯德哥尔摩商学院等，企业是上门求才，大学生们待价而沽。现在形势变了，公司用人要反复挑选，特别是一些大众化专业，如市场营销等，往往一个岗位吸引二三百人前来应聘，竞争异常激烈。为此，大学毕业生们不得不变被动等待为主动出击，翻看招聘广告，搜集有关公司的人力资源讯息等。每年夏天，瑞典人大量外出旅游、休假，为大学生提供了实习锻炼的好机会。他们往往会利用这半年时间好好表现，实习期满毕业后，双方满意企业就可以留人。

印度：自谋出路难

有材料表明，目前就全国而言，普通高校的毕业生只有10%的人找到自己理想的工作，找不到理想工作的毕业生中除了部分人决定考研究生继续深造外，绝大多数人迫于生活压力不得不调整心理预期，一些学生甚至放弃专长或屈就一些根本不需要高学历的职位，使得社会上出现了越来越多的大学生售货员、大学生司机等人才浪费现象。

对于更多的学生而言，自谋出路可能是他们面临的唯一选择。家庭有产业的可以子承父业，部分女生还可以选择嫁人去做全职主妇。就业困难也迫使新大学生在选择专业的问题上更加谨慎，但是在学什么专业将来比较容易就业的判断上，全社会已经很难形成共识。

巴西：政府先铺路

工人出身的巴西总统卢拉执政以来，一直将扩大就业、解决贫困问题作为政府社会发展计划中的头等大事，视就业为公民的基本权利之一。在巴西最近推出的“初次就业计划”

中，政府重点支持就业市场中的弱势群体，尤其是增加和改善青年人的就业。这个计划旨在发挥社会各阶层作用，在全国范围内建立一个促进青年就业网。

说一说：1. 哪个国家的毕业生求职最难？
2. 哪些国家的就业情况相对较好？

2 手机依赖症杂谈

课文 Text

话题背景

你是否想过，如果离开了手机，我们的生活会变成什么样？随着手机通信技术的日益成熟以及手机价格的不断下降，手机已经成为人们生活中不可或缺的"必备品"。但是，始料未及的问题也随之而来。

手机，亲密的朋友

著名媒介理论家保罗·莱文森在他那本名著《手机，挡不住的呼唤》中，从理性的角度给人们展示了手机将给现代社会和人类未来带来的巨大影响。他认为，手机的发明和普遍使用，不仅潜移默化地影响着人类的商务模式，而且间接作用于现实世界人类的情爱方式，甚至赋予许多事物以更深刻的意义。莱文森说，有了手机的陪伴，我们不必把自己束缚在室内和电脑前，可以自在地去漫游世界。移动电话不再只是一个单纯的通信工具，它俨然已经成为我们身体的一个外接"器官"，成为我们与外界沟通最可依赖的朋友。

数年前，某家知名科普刊物曾经以“手机使用”为主题，在中国城市人群中进行了调查。受访者年龄最小的为15岁，最大的为45岁，这个年龄段被认为是使用手机人群比较集中的。结果显示，白领对手机最为钟情，同时使用两部或更多手机者已经超过被访者的50%，很多人明确提出区分工作手机和生活手机。还有，人们的开机时间也足以证明被调查者与手机的亲密程度。根据统计，每天开机12小时以上者占77%，只有夜深人静时才关机者约占48%，近三分之一的人24小时开机。不过，跟这个“朋友”保持密切联系是要付出代价的——不止是每月高昂的电话费，还有一些始料未及的麻烦。

回答问题

1. 保罗·莱文森认为手机的发明和普遍使用给现代社会和人类未来带来了哪些影响？
2. “手机使用”的调查结果主要有哪些？
3. 与手机过于亲密需要付出哪些代价？

形形色色的手机依赖

高科技产品给我们的生活带来了极大的方便和乐趣，但如果使用不当，也会造成对身心的伤害。

根据调查，在手机带来的一系列社会问题中，手机使用者的心理健康引起越来越多的关注。许多人已经无法想象离开手机自己该怎么生活。

调查中有一项是："如果你去一个遥远的地方公干或者度假，你最希望带上的三件非生活用品是什么？"手机当仁不让地成为60%以上被调查者的首选。手机对人们生活的重要性由此可见一斑。而另一项心理测试结果表明，有七成以上的被测试者当手机不在身边时会产生不同程度的心理不适。

但是，过度渴求某种物品，如果得不到满足就会引起一系列精神生理的变化，这属于一种病态。人们将这种病态称为某方面的"依赖症"。专家总结出"手机依赖症"具有以下几种病理表现：

（一）焦虑：每天必须随时携带手机，时时感觉到手机的存在。即使没有什么事情也要打几个电话才能正常工作。如果手机不在身边，就表现出焦虑不安，无法集中精力做事，甚至莫名其妙地对周围的人发脾气。

（二）抑郁：如果不能及时使用手机，就会表现出情绪低落，垂头丧气，愁容满面，认为今天不走运，做什么都不会成功。

（三）强迫：发现自己对手机过于依赖，觉得不好，就故意不碰手机，但又无法控制自己对手机的渴望，接触到会觉得放松，同时又为自己缺少控制力而内疚，反反复复，精神上觉得受折磨。

（四）恐惧：在不能使用手机的场合产生恐惧感，认为自己会因此而与外界失去联系，遇到危险无法求救，因而感到孤独无助，惶恐不安。

（五）躯体症状：除了上述心理症状外，有人在不能使用手机时还会表现出一些躯体症状，如伴随焦虑不安，还会出现心悸、气短。还有人会出现头疼、头晕、身体疼痛、手脚发麻等不适的感觉。

回答问题

1. 关于手机的使用，目前有什么问题引起越来越多的关注？
2. 调查结论和心理测试结果证明了什么？
3. 什么是“依赖症”？“手机依赖症”有哪些病理表现？

时髦病并不可怕

不过，有趣的是，不少被调查者在得知自己有可能被归入“手机依赖症”患者人群时，非但不沮丧，反而兴高采烈。对于这种现象，心理学家认为，在商业社会，“手机依赖症”这顶帽子对于部分患者来说，具有“向别人显示自己工作繁忙，证明自己在社会上的重要性，从而满足虚荣心”这样的心理暗示，因此这种依赖不会被认为是很恐怖的事情，好像多少还有些“时髦”。

有这样一个典型病例：一位女士早先因为负责公司公关，需要和外界频繁联系，手机曾是她形影不离的得力助手。后来因为业绩突出，被提升到管理岗位做行政工作，来电骤然减少。这位女士开始常常感到焦虑，有事没事都要掏出电话来看看，总担心错过重要电话，甚至连脾气也暴躁起来，经常莫名其妙地发火。

这种“时髦病”对人们身心健康的影响不容忽视。观察一下周围，我们很容易发现有那么一些人，他们明明走几步就能面对面说话，却非要打手机不可；等人的时候频繁地打手机问对方到哪里了，不打就焦躁难耐；一些本来很正常的情况，比如手机没电了、信号不好、来电不多等等，都会让他们紧张烦躁。出现这种情况，就应该引起注意了。

不过，也不必危言耸听，过于夸大手机依赖症的影响，更不必因噎废食，将手机弃之不用。手机依赖症带来的心理不适，也可以通过心理调节来改善，是可以有效控制的。心理专家建议，首先要保持一种良好的心态，想到世界是丰富多彩的，我们与外界联系的方式又何必拘泥于一种？跟手机"朋友"亲密得过了头，就不妨稍微疏远它一点儿。如果症状比较严重，自己无法改善，必要时可以请心理医生帮忙。

保罗·莱文森说："手机的发明是超越电脑和网络的革命，它把我们送回大自然，使我们恢复同时说话和走路的天性。"聪明的手机使用者，会在充分享受它带来的便利的同时，减少它对自身健康的困扰。

回答问题

1. 很多被调查者得知自己患了"手机依赖症"以后有什么反应？心理学家怎样解释这种反应？
2. 讲讲课文中的那个典型病例。
3. 作者认为出现什么样的情况就要引起注意了？
4. 使用手机可能带来心理问题，是不是就不要用它了？专家对此有什么看法和建议？
5. 聪明的手机使用者会怎么做？

选自《随身密友带来的"时髦病"》

词语表 Vocabulary

1.	不可或缺	bù kě huò quē		非常重要，不能有一点儿缺失。 不可或缺的生活用品
2.	始料未及	shǐ liào wèi jí		开始没有预想到。 始料未及的事情
3.	潜移默化	qián yí mò huà		无形中受到影响而发生变化。 受到潜移默化的影响
4.	赋予	fùyǔ	动	给予，交给。 赋予生命/赋予权力
5.	束缚	shùfù	动	约束，限制。 束缚思想/束缚自由
6.	俨然	yǎnrán	副	形容很像，已经，简直就是。 才几年不见，他俨然一副名人的模样。
7.	科普	kēpǔ	名	科学普及。 科普知识/科普读物
8.	代价	dàijià	名	为达到某种目的所付出的东西。 沉重的代价/高昂的代价
9.	高昂	gāo' áng	形	价格高，贵。 高昂的费用/高昂的租金
10.	形形色色	xíngxíngsèsè	形	形容事物种类繁多，各式各样。 形形色色的人/形形色色的案件
11.	公干	gōnggàn	动	办理公事。 外出公干
12.	当仁不让	dāng rén bú ràng		遇到应该做的事就积极主动去做，不推让。 他跑得最快，得冠军当仁不让。
13.	首选	shǒuxuǎn	名/动	首先选择。 这几个旅游景点，我首选丽江。/留学首选

14.	可见一斑	kě jiàn yì bān		指可以看到事物的一小部分。 半夜三点爬起来看比赛，他对足球的狂热由此可见一斑。
15.	病态	bìngtài	名	不正常的状态。 病态心理/病态社会
16.	病理	bìnglǐ	名	疾病发生的原因、发病原理及发病过程中发生的结构、功能等的改变。 病理学/病理性
17.	焦虑	jiāolǜ	形	由紧张、焦急、忧虑等感受交织而成的一种情绪反应。 焦虑症/十分焦虑
18.	莫名其妙	mò míng qí miào		说话做事让人无法理解。 莫名其妙的问题/莫名其妙的感觉
19.	垂头丧气	chuí tóu sàng qì		低着头无精打采的样子，形容情绪低落。 考砸了也不用这么垂头丧气呀。
20.	恐惧	kǒngjù	形	害怕。 令人恐惧/恐惧不安
21.	沮丧	jǔsàng	动	灰心，失望。 非常沮丧/感到沮丧
22.	暗示	ànshì	动	不明说，用含蓄的话或动作让人领会。 暗示他离开/用眼神暗示
23.	恐怖	kǒngbù	形	感到可怕而畏惧。 恐怖电影/恐怖情景
24.	频繁	pínfán	形	频率很高，次数很多。 频繁出差/频繁死机

25.	形影不离	xíng yǐng bù lí		像形体和它的影子那样分不开。形容彼此关系亲密，经常在一起。 他俩是形影不离的好朋友。
26.	危言耸听	wēi yán sǒng tīng		故意说夸大吓人的话，使人吃惊。 这些话完全是危言耸听，不能相信。
27.	因噎废食	yīn yē fèi shí		比喻要做的事情由于出了点儿小毛病就不去干了。 因为害怕辐射就放弃使用核能，是因噎废食。
28.	拘泥	jūnì	动	固执而不知变通。 不必拘泥于形式。
29.	疏远	shūyuǎn	动/形	使关系、感情不亲近。/ 关系、感情不亲近。 疏远朋友/关系疏远

注 释 Notes

1 **如果不能及时使用手机，就会表现出情绪低落，垂头丧气，愁容满面，认为今天不走运，做什么都不会成功。**

走运：口语，指运气好，运气不好则说“不走运”。例如：

① 你总是碰上好机会，你怎么这么走运呢？

② 今年真不走运，做的几笔生意都没有赚到钱。

2 **在商业社会，“手机依赖症”这顶帽子对于部分患者来说，具有“向别人显示自己工作繁忙，证明自己在社会上的重要性，从而满足虚荣心”这样的心理暗示。**

帽子：在这里比喻加在一个人头上的某种名称。例如：

① 一戴上“精神病”这顶帽子，你做什么别人都认为你不正常。

② 我不就是出了点儿小错嘛，你别给我扣大帽子。

3 跟手机“朋友”亲密得过了头，就不妨稍微疏远它一点儿。

过了头：口语，指超过了正常的限度。例如：

① 赞扬过了头，就成了吹捧。

② 说话要注意分寸，别说过了头。

交际任务 Tasks

一 介绍自己的手机

介绍内容：手机品牌、购买时间、主要用途、使用习惯等，还可以讲讲跟手机有关的故事。

二 手机短信交流

发送手机短信已经成了现代社会重要的交流方式。每逢节日，会有很多表达美好祝福的短信，对社会上的各种不合理现象，也会有人立刻编出短信批评。你收到过什么有趣的短信吗？收集几条，上课时告诉大家。

三 推荐一款手机

要　　求：从这款手机的外观、性能、价格等方面说明其优点及不足。

参考词语：物美价廉　　性价比　　酷　　便捷　　高科技

练　习 Exercises

课文理解

一 简要复述课文大意

二 朗读下列句子，注意语气、语调和停顿

1. 你是否想过，如果离开了手机，我们的生活会变成什么样？

2. 如果你去一个遥远的地方公干或度假，你最希望带上的三件非生活用品是什么？

3. 一些本来很正常的情况，比如手机没电了、信号不好、来电不多等等，都会让他们紧张烦躁。
4. 不过，也不必危言耸听，过于夸大手机依赖症的影响，更不必因噎废食。
5. 世界是丰富多彩的，我们与外界联系的方式又何必拘泥于一种？
6. 手机的发明是超越电脑和网络的革命，它把我们送回大自然，使我们恢复同时说话和走路的天性。

三 找出课文中你最感兴趣的说法或建议

词语练习

一 根据给出的解释，说出课文中对应的词语或说法

1. 比喻加在一个人头上的某种名称——
2. 开始没有预想到——
3. 形容事物种类繁多，各式各样——
4. 遇到应该做的事就积极主动去做，不推让——
5. 低着头无精打采的样子，形容情绪低落——
6. 像形体和它的影子那样分不开。形容彼此关系亲密，经常在一起——
7. 非常重要，不能有一点儿缺失——
8. 无形中受到影响而发生变化——
9. 比喻要做的事情由于出了点儿小毛病就不去干了——
10. 故意说夸大吓人的话，使人吃惊——

二 词语归类

找出课文中与心理不适症状有关的词语，如：焦虑、抑郁。

三 选词填空

不可或缺	始料未及	潜移默化	因噎废食	形影不离
垂头丧气	危言耸听	当仁不让	莫名其妙	形形色色

1. 比赛失败以后，队员们个个（　　　　）。
2. 自从爱上足球，看比赛成了我生活中（　　　　）的内容。
3. 对这件事的说法（　　　　），让人不知道该相信谁的。

4. 在朋友们（　　　　）的影响下，我越来越喜欢读书了。
5. 许多科学发明的初衷是给人类造福，但有的发明会带来（　　　　）的问题。
6. 总不能因为一次失败就不敢去尝试，那不成了（　　　　）了吗？
7. 这对双胞胎姐妹总是（　　　　），干什么都在一起。
8. 一个陌生人亲热地叫我“姐姐”，弄得我（　　　　）。
9. 出了问题，他总是（　　　　）地承担责任，想办法解决，所以大家都尊敬他。
10. 你不要（　　　　）了，这件事根本没那么严重。

四　用指定词语完成对话

1. A：你今年好像出了好几次国了？
   B：没办法，＿＿＿＿＿＿＿＿＿＿＿＿＿＿＿＿。
   （频繁　　公干）

2. A：我的同屋最近常常莫名其妙地发脾气。
   B：她遇到什么事了？＿＿＿＿＿＿＿＿＿＿＿＿＿＿＿＿。
   （焦虑　　病态）

3. A：你那个形影不离的好朋友呢？怎么好久没看见你们一起喝酒了？
   B：别提了，＿＿＿＿＿＿＿＿＿＿＿＿＿＿＿＿。
   （过了头　　疏远）

4. A：你今天怎么垂头丧气的？
   B：刚才碰到会话课老师了，＿＿＿＿＿＿＿＿＿＿＿＿＿＿＿＿。
   （暗示　　沮丧）

成段表达

一　模仿例子，完成句子

1. 你是否想过，如果离开了手机，我们的生活会变成什么样？
   你是否想过，如果……，……？

2. 这种“时髦病”对人们身心健康的影响不容忽视。
   ……对……不容忽视。

3. 心理专家建议，首先要保持一种良好的心态。

……专家建议，首先要……。

4. 聪明的手机使用者，会在充分享受它带来的便利的同时，减少它对自身健康的困扰。

聪明的旅行者，会在……同时，……。

二 模仿例句，说一段话

1. 他认为，手机的发明和普遍使用，不仅潜移默化地影响着人类的商务模式，而且间接作用于现实世界人类的情爱方式，甚至赋予许多事物以更深刻的意义。

（1）老百姓认为，房价过高，不仅会造成购房者的巨大经济压力，而且会直接影响社会稳定，甚至……。

（2）专家认为，保持乐观的心态，不仅能够改善身体的健康状况，而且……，甚至……。

（3）……认为，……，不仅……，而且……，甚至……。

2. “如果你去一个遥远的地方公干或度假，你最希望带上的三件非生活用品是什么？”手机当仁不让地成为60%以上被调查者的首选。

（1）如果给我一次重新选择故乡的机会，我最希望选择的地方是哪里呢？我想，……会当仁不让地成为我的首选。

（2）如果让孩子们决定过周末的方式，他们最希望……？……当仁不让地……首选。

（3）如果……，……最希望……？……当仁不让地……首选。

3. 有趣的是，不少被调查者在得知自己有可能被归入“手机依赖症”患者人群时，非但不沮丧，反而兴高采烈。

（1）有趣的是，他发现自己体重增加了10公斤时，非但不打算减肥，反而……。

（2）有趣的是，姑娘发现认错了人时，非但……，反而……。

（3）有趣的是，……时，非但……，反而……。

4. 观察一下周围，我们很容易发现有那么一些人，他们明明走几步就能面对面说话，却非要打手机不可。

（1）观察一下马路上的行人，我们不难发现，有些人明明知道不应该闯红灯，却非要……。

（2）观察一下周围的朋友，我们很容易发现，明明……，却……。

（3）观察一下……，……发现，明明……，却……。

自由表达

一 大家谈

现代生活中，还有哪些“时髦病”？

二 分组测试并讨论

两人一组，一人提问，另一人用“是”或“不是”回答，然后互换角色。各自记下对方回答“是”的次数。最后互相说说自己对测试结果的感受。

小测试

1. 你是否总是把手机放在身边，如果没带就会心烦意乱，无法做其他事情？
2. 当一段时间手机铃声不响，你会不会感到不适应，并下意识地看一下手机是否有未接电话？
3. 你会不会总有“我的手机铃声响了”的幻觉，甚至经常把别人的手机铃声当成自己的手机在响？
4. 接听电话时你是不是常觉得耳旁有手机的辐射波环绕？
5. 你是否经常下意识地找手机，不时拿出手机看看？
6. 你是否经常害怕手机自动关机？
7. 你晚上睡觉也开着手机吗？
8. 当手机经常收不到信号时，你会不会产生焦虑和无力感，而且脾气也变得暴躁起来？
9. 最近经常有手脚发麻、心悸、头晕、冒汗、肠胃功能失调等症状出现吗？

如果以上问题你选择回答“是”的有5个以上，那么你已经可以划归“手机依赖症”患者人群了。

相关阅读

寒碜的出口

自从用上了手机，我就染上不少“恶习”。首先一条就是变得爱攀比。第一部手机用了四年后，虽然完好无损，但看到周围人都在换，我也就顺势换了——虽然我从来都不指望让自己的家伙成为“手机中的战斗机”，但也绝不想堕落成为“手机中的拖拉机”。

第二条恶习是变得注意力不再集中。每隔三四分钟就要拿起来照一下，一心以为有鸿鹄将至。说来荒唐，我甚至已经没有洗盆浴的勇气了，基本上回回都是胡乱冲个淋浴了事。以前，躺在大浴缸里慢动作般地泡澡，是多么大的享受。现在因为老是担心上级和亲朋好友会打来电话或发来短信，只好拼命压缩洗浴时间，而把手机带进浴室放在浴缸边，又怕被淋湿，成为“手机中的饮水机”。

当然，手机为害于我倒还在其次，更严重的是它开始危害我钟爱的文学了。有了手机，我们将不再有侦探文学。这个暑假我又翻出《东方快车谋杀案》看了一遍，再一次被案情吸引。但忽的一想，这样的故事只能发生在信息不畅的年代，也只有那时的人才写得出来。正因为东方快车被大雪所阻，满满一车厢人给困在冰天雪地里，这才给了波洛老头破案的机会。现在结了，只要全球通手机一打，警察叔叔立马赶到，波洛老头只好闪一边去，而且犯罪分子还能够通过互发短信来串供……总之，什么戏也没了。

我们也不再有荒诞文学。马克·吐温有篇名曰《火车上的嗜人事件》的荒诞小说，写一群人因为火车故障而流落到荒郊野外，与外界失去了联系，挨到第七天时，所有能吃的东西都吃完了，只好来吃人。就到了这个节骨眼上，大家伙儿还发扬民主，像票选超级女声似的，投票选举谁应该最先被吃掉。现在也同样结了，只要一个电话，各国救援就会从天而降，落难的兄弟姐妹们立刻被统统接走，送回各自温暖的家，去吃该吃的东西……

我们甚至不再有历险文学，无论你是哪一路的鲁滨孙，也无论你漂流到哪一个蛮荒的所在，在手机信号全球覆盖的情况下，你都会在第一时间得救，决不给文学留下一点儿想象的时间。

于是我怀念信息不畅的日子，那些日子提供了一种与世隔绝的可能，提供了一种缓慢的从容——这可都是文学的“难兄难弟”。肯定有人会说，现在有手机文学，甚至有手机电影。但手机那点儿屏幕统共才十几平方厘米，要用它干多少事啊——如果这就是21世纪新一辈的灵魂出口，是不是寒碜了点儿？

说一说： 1. 作者为什说自从使用手机之后他染上了“恶习”？

2. 手机与文学之间是完全对立的关系吗？

众说纷纭谈手机

手机小说作者：每日生活手不离机，与手机相依相伴，手机已经成为我身体不可分割的一个电子器官。

科学史专家江教授：由于通信效率的提高，我们的生活节奏成倍地加快，而我们的闲暇却越来越少，我们总是希冀技术给我们带来生活的突破，可是技术是一柄双刃剑，在帮助我们解决问题的时候也把我们带到牢笼之中。

媒介理论家：手机像“细胞”，无论走到哪里，它都能够生成新的社会、新的可能、新的关系。换言之，手机不仅有移动的功能，而且有生成和创造的功能。

电台主持人：手机编织的生存网络所形成的包围圈一天天扩大，可人与人之间咫尺天涯的疏离感也在一天天形成。手机可以做的事情越多，人亲自去做的事情就越少，我们被手机所造成的隔膜封闭了自我却不自知。

社会问题专家刘教授：手机流行的背后是消费主义、经济主义观念的流行。商业的秘诀不是满足人们的需要，而是制造需求。受益的是中国电信、联通、移动和手机厂家，恐怕不是我们的生活质量。不信你可以自己看看，在你用手机接发的短信中，究竟有多少是必不可少的信息？

社会学博士邢先生：手机短信的共享性与其传递的便捷化，使幽默在人们之间迅速传播。中国人的传统个性和文化也因此而发生变化。

公务员张先生：前两年，在外地工作的弟弟给我发短信拜年，我还感慨亲情在飞速发展的通信技术面前变得如此脆弱，一项短信服务就把兄弟之情稀释得“淡如清水”，可现在却发现，由于近两年和弟弟时常通过短信聊天，有时调侃，有时嘘寒问暖，彼此感觉更亲近了。

手机诗歌作家：先进的技术、神速的通信、无限的容量、强大的亲和力和想象力、庞大的读者群体，这不都是我们的诗歌长期以来梦寐以求的东西吗？

作家刘先生：有了手机之后，人特别容易说谎话：我正在开会呢！其实在外边聊大天——语言把人扭曲成这个样子了。手机把人的关系改变了，在这个意义上，手机变成手雷了。

说一说：1. 不同职业的人对手机给人类生活带来的影响有哪些正面评价？

2. 为什么说科学技术是一把双刃剑？

3 网络人生

课文 Text

话题背景

1987年9月14日，北京计算机应用技术研究所发出中国第一封电子邮件，拉开了中国人使用互联网的序幕，时至今日，互联网已经是人们生活中不可缺少的一部分了。网络正在改变我们的生活方式，甚至思维方式、行为方式。

购物、旅游、求职新干线

身在北京的一位记者想买一款手机，这款手机已经停产，在一般的商店根本买不到，这时候他想到了购物网站。输入这款手机的关键词，居然真的在网上找到了；尽管卖家在几千公里外的深圳，不过详细的产品说明和清晰的照片抹去了距离；价钱合适，下订单，汇钱，几天后，他终于将苦寻已久的手机握在手里。自从1998年完成了第一笔网络交易，迄今为止，中国网购用户已经突破1亿人。网购也成为当代青年购物的重要方式。

小曾最近准备出去旅游，她通过旅游网站的一个论坛召集了几个朋友，目的地是四川九寨沟。“通过网络召集人很方便，只要你的旅游计划好，一群兴趣相近的朋友就会聚拢过来，而且各种旅游信息在网上都能找到，什么线路推荐、景点酒店价格、机票价格，应有尽有。当然还有网友留言，你不仅可以从中获得相关资讯，还可以找到志同道合的自助旅行同伴。”

人民大学网站有专门为毕业生设立的页面，不断滚动更新的单位招聘信息让盯着电脑屏幕的小张生出很多希望，“我每天都要上来看好几次。”一项调查表明，2004年实现就业的毕业生中，通过网络招聘的占13%，硕士及以上学历通过网络求职成功的占23%。

回答问题

1. 中国人使用互联网的标志性事件是什么？
2. 中国的网购开始于什么时候？
3. 旅游网站提供哪些信息？

传递亲情、爱情、友情的翅膀

“妈，最近身体还好吗？快接收‘图片传输’邀请，这是我刚照的照片……”去年赴瑞典读书的小陈正跟母亲网聊。“每天晚上我们都要聊上一个小时，以前儿子上学的时候反倒没说这么长，简简单单的一根网线真是神奇，连他的胖瘦我都能看见。”正麻利敲着键盘的陈妈妈对记者说，“我去年的电脑班没有白学。”

在小陈引荐之下，记者见到了他在北京的女朋友小李，“每天双方都会把自己所经历的事说一遍，同时E-MAIL联系，这样就不会有生疏感，爱情保鲜的第一功应记给网络。”小李又说，“要是在以前，男女朋友一方出国读书，一个月一封信，等信到了，信里的心情早没了，再好的感情也经不起这样的错位。”

正在线上的小陈向记者介绍，他现在大约有40位相熟的老朋友，通过网上聊天、E-MAIL和他交流各自近况，“对我来说，上网、上课、吃饭、睡觉一个都不能少。”小陈说。

如今，像小陈这样利用网络交流的人并不少见，BBS几乎家喻户晓，作为论坛通行证的“网名”更是尽显个性风采；QQ、MSN等网络聊天工具备受青睐，担负起传递亲情、爱情、友情等重任；各式各样有趣的表情图标、场景模式令本已亲切可人的聊天锦上添花；不断推陈出新的电子贺卡成为常见的问候方式；E-MAIL更成了人们交流不可或缺的工具，“信件已发送”，成为触网一族眼前最频繁的几个字……

回答问题

1. 网络在小陈和女友以及家人、朋友之间起了什么作用？
2. 现代人如何通过网络增进彼此之间的感情？

休闲娱乐的空间

把上网作为休闲娱乐的主要方式，已经成为中国越来越多年轻人的习惯。据调查，网民上网的最主要目的是获取信息和休闲娱乐。特别是30岁以下的青少年更有半数以上选择周末在家上网玩儿游戏、聊天、听音乐和看电影。

面对孩子与电脑之间的亲密关系，父母是既困惑又无奈："我们家孩子一有空儿就守在电脑前面，看那些不知所云的网页和图片。要么就带上耳机听歌、看电影，有时还整夜整夜地打游戏。还交了什么'网友'，一天到晚跟人瞎聊，什么正事儿都不干。你去干涉吧，人家还说你老土，跟不上时代。哎……真拿他没辙！"

正上高中的小王说："上网，就是玩儿呗。我去网吧主要是网聊和网游，不过，我还没到迷恋的地步，我们有的同学都不能自拔了。"

除了上网玩儿游戏，在线观看和发表文学作品也已经蔚然成风。众多怀抱文学梦或者纯粹出于兴趣的年轻人在文学网站上发表作品，内容从魔幻小说到古典诗词五花八门、不一而足。网民们通过下载、传输和浏览，获得丰富而便捷的资源。草根名人、大大小小的博客也遍地盛开，各种论坛更是热闹非凡。在这个言论自由的开放时代，在互联网上直抒胸臆、参与国事形成了前所未有的开放局面。显而易见，在网络上休闲娱乐正成为中国人日渐普遍的生活方式。

"写博、网聊、网购、网游，我们在互联网上可以全方位展示自己，释放情绪，还能随时随地满足交往、购物、学习需求。这就是我们这个年代的年轻人的生活。"一个大二的女生这么说。

互联网，就这样改变着我们的生活，成为越来越多中国人生活的一部分。

回答问题

1. 调查显示，人们上网的最主要的目的是什么？
2. 父母对孩子上网是什么感受？
3. 网络上可以找到什么样的文学作品？
4. 在网络上，论坛为什么热闹非凡？
5. 当代年轻人的生活是什么样的？

选自《人民日报（海外版）》

词语表 Vocabulary

1.	聚拢	jùlǒng	动	聚集在一起。 聚拢在一起
2.	应有尽有	yīng yǒu jìn yǒu		应该有的都有了，形容十分齐备。 各种东西应有尽有
3.	资讯	zīxùn	名	信息。 财经资讯/留学资讯
4.	志同道合	zhì tóng dào hé		志趣相同，有共同的理想和志向。 志同道合的人/志同道合的朋友
5.	滚动	gǔndòng	动	一轮接一轮地连续不断进行。 滚动播出/滚动新闻
6.	更新	gēngxīn	动	除去旧的，换成新的。 资源更新/更新数据
7.	麻利	máli	形	迅速敏捷。 动作麻利/麻利的手脚
8.	引荐	yǐnjiàn	动	推荐（人）。 为你引荐一下我的朋友。

9.	生疏	shēngshū	形	不熟悉。 生疏感/感觉生疏
10.	错位	cuò wèi	离	离开原来的或应有的位置，比喻失去正常的或应有的状态。 错位的骨头/心理错位
11.	青睐	qīnglài	动	比喻对人或事喜爱、重视及另眼相看。 大获青睐/受到青睐
12.	担负	dānfù	动	承当责任、工作或费用。 担负重任
13.	图标	túbiāo	名	有指代意义的图形符号。 计算机图标
14.	可人	kěrén	形	称人心意，使人满意。 可人的东西/可人的女孩
15.	锦上添花	jǐn shàng tiān huā		在锦上再绣花。比喻好上加好，美上添美。 在比赛快要结束时，他锦上添花，为球队又多进了一球。
16.	推陈出新	tuī chén chū xīn		去除旧的不好的部分，吸取精华使之向新的方向发展。 不断推陈出新
17.	困惑	kùnhuò	形	感觉疑难，不知该怎么办。 很困惑/心里觉得困惑
18.	无奈	wúnài	动	没有办法了，无计可施。 出于无奈/万般无奈
19.	不知所云	bù zhī suǒ yún		云：说。不知道说的是什么，也不知道怎样说才好。形容说话内容混乱，无法理解。 他这篇文章写得乱七八糟，不知所云。

20.	没辙	méi zhé	离	辙：规矩，办法。没有规矩，没有办法。 我能想的办法都试过了，现在也没辙了。/真拿他没辙！
21.	迷恋	míliàn	动	对某一事物过度爱好而难以舍弃。 迷恋网络/自我迷恋
22.	不能自拔	bù néng zìbá		拔：摆脱。形容自己不能主动地从痛苦、错误或罪恶中解脱出来。 他沉迷于游戏，不能自拔。
23.	蔚然成风	wèirán chéng fēng		蔚然：草木茂盛的样子。指一件事情逐渐发展盛行，形成一种良好风气。 讲文明、讲礼貌的新风尚在我们周围蔚然成风。
24.	纯粹	chúncuì	副	完全。 纯粹瞎说/纯粹是开玩笑
25.	五花八门	wǔ huā bā mén		比喻变化多端或花样繁多。 五花八门的商品
26.	不一而足	bù yī ér zú		不止一种或一次，而是很多、很充足。 市场的东西不一而足
27.	浏览	liúlǎn	动	粗略地看一遍。 浏览页面/浏览信息
28.	遍地	biàndì	副	满地，到处。 遍地开花/遍地都是落叶
29.	直抒胸臆	zhíshū xiōngyì		直率地抒发自己的思想感情。 在这次大会上，代表们都直抒胸臆，充分发表自己的看法。

30. 显而易见 xiǎn ér yì jiàn （事情、道理）非常明显，很容易看清。
这是个显而易见的错误。

31. 释放 shìfàng 动 散放，放出。
释放情怀/释放情绪

注释 Notes

1 购物、旅游、求职新干线

新干线：本是指日本的连结东京和新大阪之间的高速铁路系统，现在多用来比喻高效率的、最新的、最好的方法等。多用于标题中，如：“教育新干线”“影视新干线”。

2 迄今为止，中国网购用户已经突破1亿人。

迄今为止：“迄”是“到”的意思，“迄今为止”意思是“到目前为止”。例如：

① 这是我迄今为止见过的最可怕的灾难。

② 迄今为止，我还没有碰到过一个不喜欢这个菜的人。

3 哎……真拿他没辙！”

没辙：“辙”的意思是车轮压出的痕迹，比喻办法、规矩。“没辙”，口语中表示“没有办法”。例如：

① 我已经试过很多方法了，没用，现在我也没辙了。

② 我没辙了，你有什么辙吗？

交际任务 Tasks

一 辩论：网络使人亲近还是疏远

正方：网络是传递亲情的翅膀

反方：迷恋网络疏远了亲人

二 采访：网络给你带来了什么？

要　　求：1. 采访几个不同年龄层次的人。
　　　　　2. 比较并归纳他们观点的异同。

参考问题：1. 你经常泡在网上吗？你上网的目的是什么？
　　　　　2. 你喜欢去BBS（论坛）或chatroom（聊天室）吗？
　　　　　3. 网络给你的生活带来的最大变化是什么？
　　　　　4. 你觉得网络安全吗？
　　　　　5. 你有网友吗？
　　　　　6. 你对网恋怎么看？
　　　　　7. 你在网上买过东西吗？为什么？
　　　　　8. 你写过博客吗？你经常在网上参与讨论，发表自己的看法吗？
　　　　　9. 你认为网络应该怎样监管？

三 以不同身份发表看法：网络的好与坏

身　　份：1. 焦虑的父母
　　　　　2. 快乐的孩子
　　　　　3. 严厉的老师
　　　　　4. 辛苦的网络工作者

参考词语：不可或缺　应有尽有　不能自拔　传递　困惑
　　　　　蔚然成风　五花八门　显而易见　便捷　没辙
　　　　　释放　展示　生疏　资讯　休闲娱乐
　　　　　满足　青睐　无奈　迷恋　浏览

练习 Exercises

课文理解

一 简要复述课文大意

二 朗读下列句子，注意语气、语调

1. 居然真的在网上找到了。
2. 什么线路推荐、景点酒店价格、机票价格，应有尽有。
3. 我去年的电脑班没有白学。
4. 再好的感情也经不起这样的错位。
5. 对我来说，上网、上课、吃饭、睡觉一个都不能少。
6. 还交了什么“网友”，一天到晚跟人瞎聊，什么正事儿都不干。
7. 你去干涉吧，人家还说你老土，跟不上时代。哎……真拿他没辙！
8. 我还没到迷恋的地步，我们有的同学都不能自拔了。

三 列举出课文中谈到的“网络影响我们的生活”的方面

如：网购——网络购物

词语练习

一 根据给出的解释，说出课文中对应的词语或说法

1. 口语中表示“没有办法”——
2. （事情、道理）非常明显，很容易看清——
3. 不止一种或一次，而是很多、很充足——
4. 指一件事情逐渐发展盛行，形成一种良好风气——
5. 到目前为止——
6. 去除旧的不好的部分，吸取精华使之向新的方向发展——
7. 志趣相同，有共同的理想和志向——
8. 比喻好上加好，美上添美——
9. 自己不能主动地从痛苦、错误或罪恶中解脱出来——
10. 不知道说的是什么，也不知道怎样说才好——

二 词语归类

找出课文中与网络相关的词语，如：网站。

三 选词填空

应有尽有　　志同道合　　直抒胸臆　　蔚然成风

推陈出新　　显而易见　　不知所云　　五花八门

1. 这对（　　　　）的恋人终于走进了婚姻的殿堂。
2. 如今的市场什么都不缺，吃的、穿的、玩儿的，（　　　　）。
3. 他对什么都感兴趣，（　　　　），样样都会一点儿。
4. 希望在接下来的发言中大家都能（　　　　）。
5. 为了在竞争中不被淘汰，公司不断地（　　　　），开发新产品。
6. 他到底想说什么啊？说了这么半天，完全是（　　　　）。
7. 这么（　　　　）的道理他怎么会不明白？
8. 在政府的环保号召下，绿色节俭生活已经（　　　　）。

四 用指定词语完成对话

1. A：我看你都成了网购专家了。

   B：差不多，________________________________。

   （迄今为止　　应有尽有）

2. A：这位客人是谁啊？

   B：________________________________。

   （引荐　　家喻户晓）

3. A：你和中学时的同学们还经常联络吗？

   B: ________________________________。

   （生疏　　频繁）

4. A：网络是一个既让人喜欢又让人害怕的东西。

   B：是啊，我也有同感。________________________________。

   （迷恋　　不能自拔）

5. A：你搞明白她的意思了吗？

B：＿＿＿＿＿＿＿＿＿＿＿＿＿＿＿＿＿＿＿＿。

（不知所云　　无奈）

成段表达

一　模仿例子，完成句子

1. 时至今日，互联网已经是人们生活中不可缺少的一部分了。

时至今日，……。

2. 尽管卖家在几千公里外的深圳，不过详细的产品说明和清晰的照片抹去了距离。

尽管网络的功能十分强大，不过……。

3. 在小陈引荐之下，记者见到了他在北京的女朋友小李。

在朋友的引荐之下，……。

4. 显而易见，在网络上休闲娱乐正成为中国人日渐普遍的生活方式。

显而易见，……。

二　模仿例句，说一段话

1. 北京计算机应用技术研究所发出中国第一封电子邮件，拉开了中国人使用互联网的序幕，时至今日，互联网已经是人们生活中不可缺少的一部分了。

（1）天气突然变热，购买空调的人迅速增加，拉开了今年空调行业的竞争序幕，时至今日，这个商场的空调已经……。

（2）国家领导人抵达这个国家的首都，拉开了"保护地球"活动的序幕，时至今日，……已经……。

（2）……，拉开了……序幕，时至今日，……已经……。

2. 尽管卖家在几千公里外的深圳，不过详细的产品说明和清晰的照片抹去了距离。

（1）尽管还有很多人不习惯快节奏的生活，不过多数人已经……。

（2）尽管你自己愿意跟他结婚，但……。

（3）尽管……，不过/但……。

3. 只要你的旅游计划好，一群兴趣相近的朋友就会聚拢过来，而且各种旅游信息在网上都能找到。

（1）只要你输入几个关键词就会找到相关的信息，而且……。

（2）只要你来就会……，而且……。

（3）只要……就会……，而且……。

4. 像小陈这样利用网络交流的人并不少见，BBS几乎家喻户晓，作为论坛通行证的“网名”更是尽显个性风采。

（1）在大学期间四处打工的学生并不少见，几乎每个学生都打过，家里穷的学生更是……。

（2）望子成龙的父母并不少见，几乎……，……更是……。

（3）……并不少见，几乎……，……更是……。

5. 我们在互联网上可以全方位展示自己，释放情绪，还能随时随地满足交往、购物、学习需求。

（1）多吃蔬菜可以保护健康，还能……。

（2）骑自行车上下班可以锻炼身体，还能……。

（3）……可以……，还能……。

自由表达

一 就课文中的以下说法，发表意见

1. 网络正在改变我们的生活方式，甚至思维方式、行为方式。
2. 网络是传递亲情、爱情、友情的翅膀。

二 自由讨论

1. 网络使人亲近还是疏远？
2. 网络给你的生活带来了什么变化？
3. 网络有什么益处和弊端？
4. 网络对哪类人的生活影响最大？
5. 你每天待在网上的时间有多长？你利用网络做什么？

相关阅读

网络会改变我们的社交生活吗?

近年来，社交网站的兴起，为人们带来了一场革命式的社交风暴。在拉近人与人之间距离的同时，社交网站也从很多方面潜移默化地改变着我们的生活方式。

5月1日，美国白宫不仅在社交网站“我的空间”(My space) 和“脸谱”(Facebook) 上开设网页，而且还通过微型博客服务网站 Twitter 将其官方网站上的信息实时发出。几小时内，在“脸谱”上有3.1万网民加入成为“粉丝”，在“我的空间”上也有超过4000网民加入成为其“朋友”。另有8500多网民注册成为白宫 Twitter 博客的“追随者”。

而在中国，近一段时间以来，一种新的互联网沟通联络方式——“社交网站”逐渐流行，“今天你争车位了吗？”已经成为白领们打招呼的开场语，以“开心网”(www.kaixin001.com) 为代表的一批“社交网站”迅速蹿红，成为当下人气最旺的网站。

社交网站风生水起

如果你听到有人说，他天天都在和自己的上百个熟人、朋友保持着非常密切的联系，千万不必惊讶，更不要怀疑他是在吹牛。因为这就是社交网站给人们生活带来的改变。

“社交网站最重要的功能便是不忘老朋友，通过网络加强人与人之间的联系和沟通。它是一种社会网络及人际关系在网络上的具体实践，将虚拟的网络空间和现实需求紧密结合，也是‘数字化生存’的最新实践。因此，社交网站也被誉为继搜索引擎之后最伟大的互联网应用。”开心网创始人、总裁程炳皓说。

社交网站起源于美国，并在美国的社会生活中发挥着极为重要的作用，被万千网友追捧。作为互联网最为时髦的社交平台，社交网站在中国的发展速度也快得惊人，并已改变了中国网民的人际交往，在传统的社交平台之外打造了另一种更为简单和快捷的平台。

以2008年3月创立的开心网为例，它凭借“朋友买卖”“争车位”“买房子”等几个简单的游戏组件，通过实名制的方式，使人们在游戏过程中轻松拉近与朋友之间的关系，保持着最合适的距离。也正因为此，开心网迅速在网友中风靡。目前，开心网的用户数量已经超过2000万，网页浏览量从2008年4月的10万人次，发展到2009年4月的7亿人次，远远超过新浪、搜狐等大型门户网站，一举成为国内最受都市白领欢迎的社交网站。

此外，为了满足广大大学生、社会人群的需求，诸如校内网、同学网、51网等社交网站也纷纷出现，有针对性的发展用户，注册量不断攀升，如火如荼。中国社交网站市场也在短短一年的时间里，做得风生水起，一派繁荣景象。

社交网站改变生活

社交网站正在以飞快的速度改变着人们的生活。当你打开搜索引擎，输入“开心网”几个字，你会发现，已经有近百家叫做“开心”的社交网站。而在城市工作生活的白领们，也几乎不约而同地加入到这个潮流中。据统计，在大中型城市中，城市白领每天上社交网站在线超过一个小时。社交网站以休闲自由的网络交互平台出现，打破了以往只能用文字沟通纯聊天式的瓶颈。那么，它究竟给我们带来了什么呢？

“社交网站的兴起，可以说是让现代都市人找到了一个减压的好方法，通过在社交网站简单、愉快的交流互动，彻底放松自己，给自己做一个心灵上的瑜伽、思想上的SPA，从而让网民真正的快乐起来。”社会学专家、中国社会科学院博士施琛华说。

“现在，在大都市里，人与人的沟通有太多的功利目的，大家在一起总是喝酒、吃饭，这种过分的直接反而使友谊变得庸俗了，觉得很累。”网友如是说，“这种社交网站，让朋友之间的沟通交流变得方便，而且很纯净。有的时候，几个兴趣比较相近的朋友建一个群组，过几天再看，又有很多新朋友进来，这种认识朋友的方式也变得简单了。”

而社交网站为我们生活带来的改变还远远不止这些。一项来自IBM和麻省理工学院斯隆管理学院的联合研究数据表明，一名员工或一个项目小组的绩效，与社交网站有着很密切的关系。研究显示：社交网站更有助于信息的获得，而及时有效的信息，则有助于作出高质量的决定，从而提高绩效。

“其实，当人在日常生活、工作中面对各方的压力时，多上上这些社交网站，无疑可以舒缓压力、拉近人与人之间的距离，让自己轻松下来。从这方面来讲，社交网站也具有很强的情绪转移功能。”中国人民大学新闻学院副教授周勇表示。

社交网站也需自律

当然，凡事都具有两面性，社交网站的产生与成功也不例外。一方面，社交网站以一种全新的交互形式为人们带来了一场革命式的社交风暴；另一方面，某些社交网站也存在着一些安全问题。

选自《科技日报》

说一说： 1. 社交网站出现的最主要原因是什么？

2. 社交网站给人们的生活带来了什么影响？

4 应聘

课文 Text

话题背景

当我们走出校门进入社会时，面临的第一个挑战就是求职。在众多的求职者中，如何才能展现自己的优势，获得对方的青睐？面对考官，你又该如何应对呢？

面试也讲究技巧

访谈嘉宾：祝国萍女士，家乐福中西南区人力资源部主管，从业7年。

面试是企业招聘中最后一个环节，求职者大多不知道该如何“取悦”主考官，不同行业面试时对求职者的要求也不一样。我们走访了世界500强企业、零售业巨头家乐福的人事主管，请她来谈谈自己在招聘过程中的一些体会。

（一）自信是敲门砖

问：您遇到过各种各样的面试者，能给他们大体分个类吗？您比较欣赏哪一种？

答：我将面试者大体分为四类，狂妄自大型、过分谦虚型、如实交代型、略带技巧型。我个人比较欣赏略带技巧型的面试者。去年4月，我们人力资源部要招聘一位英语培训师，最终两个女孩子进入面试。其中一个是学人力资源的，英语不错，专业背景又比较吻合；另一个是英语专业出身，但不知能否适应人力资源工作。面试时，那个英语专业的女孩似乎看出了我的犹豫，主动上前自我介绍："我是英语专业毕业的，相信我绝对更专业。"就在那一瞬间，我心中的天平开始倾斜。事实证明，我没看走眼，这位女孩子的确很优秀，不到一年时间就晋升为部门主管。

回答问题

1. 面试者大概有哪几种类型？
2. 公司为什么选择了英语专业的女孩？
3. 家乐福的主管对自己的决定满意吗？

（二）面试时不宜多谈薪水

问：现在很多求职者，面试时会直截了当地问薪水，您怎么看这个问题？

答：我们一般不看好面试时特别关注薪水的求职者。零售业工作比较辛苦，我们公司不少管理人员都是从基层做起的。家乐福的员工只要有热情的工作态度、良好的沟通组织能力，都有机会获得提升。待遇其实是与个人能力紧密挂钩的，面试时过多谈薪水会让人对你的工作能力产生怀疑。

回答问题

1. 面试时为什么不宜多谈薪水？
2. 在家乐福什么样的人能有机会得到提升？

（三）先了解企业文化

问： 面试前应该作哪些准备，才能顺利过关呢？

答： 应聘不同的公司会有不同的要求，最重要的是能迅速理解并认同用人单位的企业文化和行业特点。在面试中，我们更看好穿西服、打领带、指甲整齐、面带微笑的求职者。作为零售企业的员工，自己都不会装扮，如何使商品达到最佳的视觉效果呢？

回答问题

招聘单位比较看好什么样的应聘者？

自我介绍

自我介绍，其实是为了揭开更深入的面谈而设计的。一两分钟的自我介绍，犹如商品广告，在有限的时间内，针对“客户”的需要，将自己最美好的一面毫无保留地表现出来，不但要给对方留下深刻的印象，还要即时引发起“购买欲”。

（一）自我认识

想一矢中的，首先必须认清自我，一定要弄清以下三个问题。你现在是干什么的？你将来要干什么？你过去是干什么的？这三个问题不是按时间顺序从过去到现在再到将来，而是从现在到将来再到过去。其奥妙在于：如果你被雇用，雇主选中的是现在的你，他希望利用的是将来的你，而这将来又基于你的历史和现状。

回答问题

1. 作者为什么把自我介绍比作商品广告？
2. 自我认识时，要弄清的主要问题是什么？

（二）投其所好

清楚自己的强项后，便可以开始准备自我介绍的内容：主要包括教育背景、工作经历、优点、技能，突出成就、专业知识、学术背景等。

优点众多，但只有短短几分钟，所以一切还是与该公司或职位有关为好。如果是一家电脑软件公司，应说些电脑软件的话题；如是一家金融财务公司，便可跟他说钱的事，总之投其所好。

但有一点须谨记在心：话题所到之处，必须突出自己的加入对该公司所能起到的作用和贡献，如增加营业额、减低成本、发掘新市场等。

回答问题

1. 自我介绍时的关键内容是什么？
2. 必须要记在心里的是什么？

（三）铺排次序

内容的次序亦极重要，是否能抓住听众的注意力，全在于事件的编排方式。所以排在头位的，应是你最想让他记住的事情。而这些事情，一般都是你的最得意之作。与此同时，可呈上一些有关的作品或纪录增加印象分。

（四）身体语言

身体语言也是重要的一环，尤其是眼神接触。这不但令听众专心，也可表现自信。曾有一项报告指出，日常的沟通，非语言性的占了70%。所以，若想面试成功，千万注意一下你的身体语言。

回答问题

1. 自我介绍时，最好先说什么？为什么？
2. 眼神能够表现什么？

选自《楚天都市报·阳光周刊》

词语表 Vocabulary

1.	展现	zhǎnxiàn	动	展示，明显地表现出。 展现自我/展现能力
2.	应对	yìngduì	动	应答；采取措施、对策以应付出现的情况。 应对自如/难以应对

3.	招聘	zhāopìn	动	用公告的方式聘请。 招聘职员/招聘教师
4.	环节	huánjié	名	相互关联的许多事物中的一个。 重要环节/关键环节
5.	取悦	qǔyuè	动	取得别人的喜欢，讨好。 取悦领导/取悦对方
6.	巨头	jùtóu	名	指经济、政治界势力大的首脑人物。 商业巨头/石油巨头
7.	狂妄	kuángwàng	形	极端自高自大。 狂妄自大/狂妄的人
8.	吻合	wěnhé	形	完全符合。 与事实吻合/完全吻合
9.	天平	tiānpíng	名	泛指衡量的标准、尺度。 人人心中都有一架衡量对错的天平。
10.	倾斜	qīngxié	动	歪斜；比喻偏向于某一方。 向一边倾斜
11.	走眼	zǒu yǎn	离	看错了（人或东西）。 看走眼/走了眼
12.	晋升	jìnshēng	动	提高（职务、级别）。 晋升为领导/晋升为教授
13.	薪水	xīnshui	名	收入，工资。 薪水高
14.	直截了当	zhíjié liǎodàng		（说话、做事等）爽快、干脆。 直截了当地说/直截了当地拒绝
15.	基层	jīcéng	名	各种组织中最低的一层。 社会基层/从基层做起

16.	过关	guò guān	离	通过考验或考查，达到标准。 考试过关/顺利过关
17.	认同	rèntóng	动	认为彼此有共同之处而感到亲切；承认，认可。 认同感/获得认同
18.	毫无保留	háo wú bǎoliú		一点儿也不留下。 他把所有的财产毫无保留地捐献了。
19.	一矢中的	yì shǐ zhòngdì		比喻一下命中关键所在。 他的话一矢中的，直接说到了关键处。
20.	奥妙	àomiào	形	（道理、内容）深奥微妙。 其中的道理十分奥妙/奥妙无穷
21.	投其所好	tóu qí suǒ hào		投：迎合。迎合别人的兴趣、喜好。 要想让他满意，就得投其所好。
22.	谨记	jǐnjì	动	小心地记在心里。 小心谨记
23.	发掘	fājué	动	把埋藏的东西挖出来。 发掘潜力/发掘市场
24.	铺排	pūpái	动	安排，部署。 铺排故事/铺排得妥妥当当

注释 Notes

1 自信是敲门砖。

敲门砖：惯用语，比喻为了获得名利或达到某种目的而借助的初步手段。例如：

① 你觉得应聘时什么可以作为敲门砖？是文凭还是关系？
② 古代文人常把读书当成敲门砖，去赢取功名。

2 事实证明，我没看走眼。

看走眼：意思是看错（人或东西），口语中常用。例如：
① 你花了一千块？不会吧，你肯定看走眼了！这东西最多只值一百块。
② 只怪我当初看走了眼，没有发现你原来是这样的人！

交际任务 Tasks

一 分组表演“面试”，自己编写剧本

如：1. 某公司招聘化妆品推销员
2. 旅游公司招聘导游
3. 中国/外国贸易公司招聘职员
4. 餐馆招聘服务员

二 针对以下招聘信息，撰写自我介绍或简历

1. 化妆品公司推销员
2. 国际旅行社导游
3. 办公室助理
4. 时尚杂志编辑
5. 中文学校/辅导班的中文老师
6. 公司驻外代表

三 小调查

调查对象：各国学生
调查内容：1. 毕业后的工作意向
2. 对未来有什么期望
参考问题：1. 你觉得找工作容易吗？
2. 性别会影响就业吗？

3. 工资多或少重要吗？你的最低要求是多少？
4. 什么工作是你绝对不会选择的？为什么？
5. （如果是女性）毕业后你是先结婚还是先工作？
6. 事业与家庭如何安排？
7. 你愿意接受服务类型的工作吗？
8. 你打算自己创业吗？为什么？
9. 你觉得创业需要的基础是什么？

练习 Exercises

课文理解

一 简要复述课文第二部分“自我介绍”的内容

二 朗读下列句子，注意语气、语调

1. 我是英语专业毕业的，相信我绝对更专业。
2. 事实证明，我没看走眼，这位女孩子的确很优秀。
3. 作为零售企业的员工，自己都不会装扮，如何使商品达到最佳的视觉效果呢？
4. 想一矢中的，首先必须认清自我，一定要弄清以下三个问题。
5. 但有一点须谨记在心：话题所到之处，必须突出自己的加入对该公司所能起到的作用和贡献。

词语练习

一 根据给出的解释，从课文中找出相应的词语或说法

1. 极端自高自大——
2. （说话、做事等）爽快、干脆——
3. 迎合别人的兴趣、喜好——
4. 取得别人的喜欢，讨好——
5. 完全符合——
6. 比喻一下命中关键所在——

7. 看错（人或东西）——
8. 小心地记在心里——
9. 比喻为了获得名利或达到某种目的而借助的初步手段——
10. 一点儿也不留下——

二 词语归类

1. 找出课文中与应聘相关的词语，如：面试。

2. 找出课文中与简历相关的词语，如：教育背景。

三 选词填空

展现　　环节　　晋升　　过关　　看好

毫无保留　　一矢中的　　投其所好

1. 你的发言真是（　　　　），令人深思啊。
2. 为了公司的未来，他在辞职以前（　　　　）地将自己的经验传授给了大家。
3. 我很期待在这个岗位（　　　　）我所有的才华。
4. 经过多年的奋斗，他终于（　　　　）为总经理了。
5. 虽然层层面试让人担心，但最终我还是顺利（　　　　）了。
6. 这是整个实验最关键的（　　　　），千万不能出错！
7. 他认真研究用人单位的需求，（　　　　）地展示自己的魅力。
8. 虽然大家都不太（　　　　）这位选手，但最终他还是胜出了。

四 用指定词语完成对话

1. A：你觉得做人最重要的是什么？

B：____。

（狂妄　　过于）

A：那你觉得你的新老板怎么样？

B：____。

（直截了当　　欣赏）

2. A：成绩真的能够体现一个人的能力吗？

B：____。

（……与……紧密挂钩　　过于）

A：可是为什么每个人都想得到好成绩呢？

B：____。

（直截了当　　事实证明）

3. A：一见钟情的婚姻能长久吗？

B：____。

（犹如　　瞬间）

A：那你觉得世界上到底有没有一见钟情呢？

B：____。

（看好　　走眼）

4. A：明天我得去见未来的岳父，你说，我怎么才能顺利过关呢？

B：____。

（看重　　谨记）

A：那我是不是该带点儿礼物啊？

B：____。

（取悦　　投其所好）

成段表达

一 模仿例子，完成句子

1. 最终两个女孩子进入面试。其中一个是学人力资源的，英语不错，专业背景又比较吻合；另一个是英语专业出身，但不知能否适应人力资源工作。

   现在有两个机会，其中一个是继续学习，另一个……。

2. 家乐福的员工只要有热情的工作态度、良好的沟通组织能力，都有机会获得提升。

   你只要付出足够努力、……，都……。

3. 在有限的时间内，不但要给对方留下深刻的印象，还要即时引发起“购买欲”。

   求职时，不但要考虑工资问题，还要……。

4. 想一矢中的，首先必须认清自我。

   想获得成功，首先必须……。

5. 是否能抓住听众的注意力，全在于事件的编排方式。
公司能否录用你，全在于……。

二 模仿例句，说一段话

1. 就在那一瞬间，我心中的天平开始倾斜。事实证明，我没看走眼。
（1）就在那一瞬间，我感觉到了她的爱。事实证明，……。

（2）就在那一瞬间，我想明白了所有的事情。事实证明，……。

（3）就在那一瞬间，……。事实证明，……。

2. 这三个问题不是按时间顺序从过去到现在再到将来，而是从现在到将来再到过去。其奥妙在于：如果你被雇用，雇主选中的是现在的你，他希望利用的是将来的你，而这将来又基于你的历史和现状。
（1）问题的关键不是没有钱，而是……，其关键在于：……。

（2）这次失败的原因不是……，而是……，其关键在于：……。

（3）……不是……，而是……，……在于：……。

3. 如果是一间电脑软件公司，应说些电脑软件的话题；如是一家金融财务公司，便可跟他说钱的事，总之投其所好。
（1）如果感到心情抑郁，应多跟朋友聊聊；如……，便……，总之……。

（2）如果需要帮助，应……；如……，便……，总之……。

（3）如果……，应……；如……，便……，总之……。

4. 是否能抓住听众的注意力，全在于事件的编排方式。所以排在头位的，应是你最想让他记住的事情。
（1）是否能得到这个工作，全在于……，所以……。

（2）是否会重新考虑我的选择，全在于……，所以……。

（3）是否……，全在于……，所以……。

自由表达

一 快速回答下列问题

面试经典问题

1. 我们为什么要录用你呢？
2. 你认为自己最大的弱点是什么？
3. 你能为我们公司带来什么呢？
4. 最能概括你自己的三个词是什么？
5. 你为什么来应聘这份工作？
6. 除了工资，还有什么最吸引你？
7. 你对我们公司有什么认识？
8. 你是怎么知道我们招聘这个职位的呢？
9. 你喜欢什么业余活动？
10. 你参加过义务活动吗？
11. 你心目中的英雄是谁？
12. 你有什么问题吗？
13. 你想过创业吗？
14. 你过去的上级是个怎样的人？
15. 你为什么还没找到合适的职位呢？
16. 你的兴趣爱好是什么？
17. 你怎么看待要向比你年轻的人/女性汇报呢？
18. 你现在能把过去做过的工作做得更好吗？

二 面试游戏题：你会怎么办？

1. 分　蛋　糕：要求应聘者把一盒蛋糕切成8份，分给8个人，但蛋糕盒里还必须留有一份。
2. 在雨中打伞：要求应聘者冒雨到附近指定地点然后返回，但只有一半的应聘者发到了伞。

三 自由讨论

1. 面试中你最怕回答的问题是什么？
2. 面试时应注意哪些方面的问题？有哪些技巧？
3. 求职时，你最关心哪方面？工资、专业还是兴趣？
4. 你理想的工作是什么样的？
5. 求职时，哪些工作是你绝对不会考虑的？
6. 求职简历中哪部分最关键？为什么？
7. 求职时，学历和经验哪个更有用？
8. 在你们国家，男性还是女性能获得更多的升职机会？为什么？

相关阅读

地上的小纸团

一家需招聘高级管理人才的公司，正在对一群应聘者进行复试。应聘者一个个满怀信心地回答了考官们甚为简单的提问，可当他们听到结果退出来时，无一例外都是满脸失望。轮到最后一个，他走进房门时，发现干净的地毯上很不协调地扔着一个纸团。任何时候都一丝不苟的习惯使他弯腰捡起它。这时考官发问了："您好，朋友，请看看您捡起的纸团吧！"这位应聘者迟疑地打开纸团，只见上面写着："热忱欢迎您到我公司任职。"后来这位应聘者成了一家著名大公司的总裁。

说一说： 1. 你觉得面试时最重要的是什么？
2. 你会捡地上的纸团吗？为什么？

面试妙答

1. 你并非毕业于名牌院校。

答：比尔·盖茨也未毕业于哈佛大学！

2. 你的经历太单纯，而我们需要的是社会经验丰富的人。

答：那么，我确信如我有幸加盟贵公司，我将很快成为社会经验丰富的人，我希望自己有这样一段经历。

3. 你的专业与所申请的职位不对口。

答：据说，21世纪最抢手的就是复合型人才，而外行的灵感往往超过内行，因为他们没有思维定式、没有条条框框。

4. 你的学历对我们来讲太高了。

答：我带了三张学历证书，您可从中挑选一张您认为合适的，至于另外两张，就请忘掉它。

5. 你是因为与上司有矛盾才转到我们这里来的吗？

答：我原来的上司是一个正直的人，但我们之间性情差异太大，无法成为好朋友。

6. 你性格过于内向，这恐怕与我们的职业不合适。

答：据说内向的人往往具有专心致志、锲而不舍的品质，另外我善于倾听，因为我觉得应该把发言机会更多地留给别人……

说一说：如果是你，你会怎么回答？

5 话说孝道

课文 Text

话题背景

一曲《常回家看看》风靡大江南北，它不仅让老人热泪盈眶，也让中青年人扪心自问。当今时代，人们是怎么看待传统的“孝道”的？且听大家一一道来。

当今“孝道”重什么

赵先生（作家）：

中国人认为“百善孝为先”，把孝放到了伦理道德中非常重要的位置上。中国人非常重视家庭，提倡尊老爱幼，这是中国文化的精华，永远不能丢。现代人变得比较自私，基本没有孝顺的观念，很多年轻人光想着疼孩子，忘了还有父母。如果人类繁衍后代的结果是得不到后人的丝毫回报，那谁还愿意生儿育女？人类岂不是该灭绝了吗？年轻人要孝敬老人，为孩子做榜样，在老人活着的时候好好对待，不要留下“子欲养而亲不待”的遗憾。

回答问题

1. 关于“孝”，赵先生介绍了哪些中国传统的观点和说法？
2. 赵先生对现代的年轻人有什么批评和劝告？

林女士（自由撰稿人）：

“孝道”本是中国的传统文化，但是随着时代的变迁，“孝道”的内涵也自然会有所改变。过去老人说的话就是真理，你要争论、反对就是不孝，不管你有理还是没理。现在人们相处强调互相尊重，不管是父母也好，公婆也好，人格上都是平等的，晚辈不需要低三下四。所以现代的“孝道”应该是一种平等前提下的精神关注。年轻一代应该常去看看长辈，不仅给他们一些生活上的帮助，还可以多跟他们聊聊外面世界的发展，教他们上网，通过网络丰富生活内容……总之，我认为应该研究孝道的时代性。

回答问题

1. 林女士认为“孝”的内涵在现代有哪些改变？
2. 林女士建议年轻人做哪些事？

何大爷（某乡村民）：

我听说东北地区流行“啃老”，就是年轻人吃老年人。这情况咱北京也不是没有，年轻人没工作，吃喝就靠老的。我们街坊老林的儿子一直没正经工作，靠吃低保。老婆闹离婚走了，他把孩子往老林那儿一扔，十天半个月不回来一趟。老林家也不富裕呀，两口子还都有病。我们家老二也下岗了，可他自学电工，考了本儿，在超市找了份工作，收入不高，但养家糊口不成问题。这么一比，我挺知足。

回答问题

1. 何大爷谈到了一种什么样的社会现象？
2. 何大爷的儿子生活得怎么样？他对儿子满意吗？

艾老师（某中学退休教师）：

我们家现在是典型的“空巢”家庭。儿女都出国了，剩下俩老人。一辈子辛辛苦苦培养儿女上大学，谁想到他们会一个一个都走掉呢？自己走还不算，连媳妇带孩子都走了，我们老两口身边连个说话的人都没有。人老了，干什么都不利落，登高爬低的怕摔着，厕所灯坏了都得求人帮忙，人家没空儿，就只好摸黑儿方便。唉！我们琢磨着，等天暖和了就上养老院去吧。

回答问题

1. 艾老师的家庭有什么特点？
2. 艾老师现在的生活状况是什么样的？她有什么打算？

辛先生（东城区居民，退休干部）：

过去都说“孝顺”，现如今的儿女和过去不一样了，孝不孝单说，顺就行，别整天跟吃了火药一样，总和父母戗着。老人也不是出气筒，在外边有了什么不顺心的事，别往家里撒火。人家40来岁有当总裁当局长的，自己没本事，不争气，不能怨父母。

回答问题

1. 辛先生认为当儿女的现在跟过去有什么不一样？
2. 辛先生怎么描述儿女不孝顺的行为？

刘大姐（朝阳区居民）：

我是工人，不太会说话，结婚好多年都不管婆婆叫妈，婆婆就说我不孝。后来20年，我每周都去婆婆家做饭，搞卫生，公婆老了，才由衷地说："咱家媳妇真是好心眼儿。"所以，孝道不是做表面文章，得落在实处，而且是要经过时间考验的。还有，我觉得事情都是双方面的。特别是公婆，你对小辈好，媳妇自然也会对你好。有些婆婆总觉得媳妇抢走了儿子的爱，怎么看媳妇都觉得不顺眼，总是刁难媳妇。要求单方面的"孝道"，是不公平的。

回答问题

1. 刘大姐的公婆对她的评价前后有什么变化？为什么？
2. 刘大姐对"孝道"有哪些自己的看法？

哈先生（某大型国企副总裁）：

我骨子里是个很传统的人，讲究孝道，但现在被这件事搞得焦头烂额。

我父母就我一个儿子，给他们养老送终我责无旁贷。现在我母亲半身瘫痪，父亲老年痴呆，得请两个保姆照顾。可现在保姆不好请，尤其是春节前后，说走就走，加工钱都留不住，能把人给急死。央求我爱人帮忙吧，她虽然嘴上不说，但心里并不愿意。而且，“久病床前无孝子”，何况是媳妇。我是真没有时间，一天从早忙到晚。古人能做到“弃官寻母”，我做不到。国家花费了那么多钱培养我，送我到国外读研究生，我对国家得讲究个“忠”吧。又得为国家效力，又得为生你养你的父母尽孝，现在我才理解什么叫“忠孝难两全”了。

我想把父母送到最好的养老院，刚有个提议，亲戚们的议论就来了，七大姑八大姨，天天打电话说我不孝。明知这是他们在养老问题上有偏见，可不孝这顶大帽子谁受得了？

回答问题

1. 哈先生自认为是哪个类型的人？他在孝顺父母的问题上处理得怎么样？
2. 哈先生父母现在是什么状况？
3. 他的妻子愿意照顾公婆吗？
4. 哈先生现在面临什么样的苦恼？
5. 亲戚们对哈先生想把父母送到养老院的打算有哪些反应？

张大夫（某医院妇产科医生）：

不养儿不知父母恩，自己生养了孩子才能体会父母的不容易。一个生命从呱呱落地到长大成人，父母不知道要花费多少心血。“孝”就是对养育的回报，也就是古人说的“反哺”。

回答问题

1. 张大夫是怎么谈论父母对儿女的养育之恩的？
2. 张大夫怎么解释“孝”？

词语表 Vocabulary

1.	风靡	fēngmǐ	动	形容事物很流行。 风靡一时/风靡世界
2.	热泪盈眶	rèlèi yíng kuàng		因为高兴、感激或悲伤而眼里充满泪水，形容非常感动。 我感动得热泪盈眶。
3.	扪心自问	ménxīn zì wèn		摸着胸口问自己，表示自我反省。 扪心自问，这件事我并没做错。
4.	回报	huíbào	动	报答。 回报社会/不求回报
5.	灭绝	mièjué	动	毁灭断绝。 灭绝人性/这种动物面临灭绝的危险。
6.	撰稿人	zhuàn gǎo rén		写文章的人。 自由撰稿人
7.	变迁	biànqiān	动	事物的变化转移。 社会变迁/历史变迁
8.	内涵	nèihán	名	概念所包括的内容。 思想内涵/内涵丰富
9.	低三下四	dī sān xià sì		形容态度卑下，没有自尊心的样子。 低三下四地求人
10.	养家糊口	yǎng jiā hú kǒu		指勉强养活家人。 辛苦工作，就是为了养家糊口。
11.	知足	zhīzú	形	满足于已经得到的（指生活、愿望等）。 知足者常乐。
12.	利落	lìluo	形	（言语、动作）灵活敏捷。 手脚利落/干脆利落

13.	摸黑儿	mō hēir	离	在黑暗中摸索着做事。 起早摸黑儿/摸黑儿赶路
14.	戗	qiāng	动	（言语）冲突。 他俩一说话就会戗起来。
15.	顺心	shùnxīn	形	符合心意。 不顺心/顺心事
16.	由衷	yóuzhōng	动	出自本心。 言不由衷/由衷高兴
17.	顺眼	shùnyǎn	形	看着舒服。 看不顺眼
18.	刁难	diāonàn	动	故意让人为难。 百般刁难/刁难对方
19.	焦头烂额	jiāo tóu làn é		比喻非常狼狈。 弄得焦头烂额/忙得焦头烂额
20.	养老送终	yǎng lǎo sòng zhōng		指子女对父母生前的赡养和死后的安葬。 给父母养老送终
21.	责无旁贷	zé wú páng dài		自己的责任，不能推卸给别人。 朋友之间互相帮助责无旁贷。
22.	瘫痪	tānhuàn	动	身体已部分或全部丧失活动能力。 全身瘫痪/瘫痪在床
23.	痴呆	chīdāi	形	呆傻愚笨。 老年痴呆/痴呆儿
24.	央求	yāngqiú	动	诚恳地请求。 苦苦央求/央求别人
25.	呱呱落地	gūgū luò dì		婴儿出生。 婴儿呱呱落地

26. 反哺 fǎnbǔ 动 动物长大后反过来养活父母，比喻子女孝养父母。

乌鸦反哺/反哺之心

注释 Notes

1 中国人认为“百善孝为先”，把孝放到了伦理道德中非常重要的位置上。

百善孝为先：在众多的好行为中，孝是第一位的。例如：

据新闻报道，有的地方选拔干部将“是否孝顺父母”也作为一条标准，根据就是古人说的“百善孝为先”。

2 中国人非常重视家庭，提倡尊老爱幼。

尊老爱幼：尊敬老人，爱护幼年的孩子。例如：

在我们这个社区，尊老爱幼、邻里互相帮助已经蔚然成风。

3 不要留下“子欲养而亲不待”的遗憾。

子欲养而亲不待：子女想赡养父母亲时，父母亲已经不在人世。例如：

母亲去世后，我常为以前没有多回去陪她而后悔，这时候才理解了什么叫“子欲养而亲不待”。

4 我听说东北地区流行“啃老”，就是年轻人吃老年人。

啃老：指成年子女不工作，靠父母养活。

年轻人吃老年人：其中的“吃”指生活来源依靠。例如：

有些父母一边溺爱孩子，一边抱怨孩子成年了还在家“啃老”，他们应该想想：出现这种状况是谁的责任？

5 我们街坊老林的儿子一直没正经工作，靠吃低保。

吃低保：指没有工作，靠政府提供的最低生活保障金救济生活。例如：

我还能自食其力，不想去吃低保，靠政府救济过日子。

6 可他自学电工，考了本儿。

考本儿：口语的说法，指通过某种专业资格考试，获得资格证书。如考驾驶执照、会计师执照、律师执照等。例如：

现在大学生中流行考本儿，驾照、律师执照、教师资格证等等，找工作时说不定就能派上用场。

7 我们家现在是典型的“空巢”家庭。

“空巢”家庭：指子女长大以后离开家，只剩下老人的家庭。例如：

社区医院最近推出了一项针对“空巢” 家庭的医务护理服务，大大方便了那些身边无人照顾的老人。

8 别整天跟吃了火药一样，总和父母戗着。

跟吃了火药一样：比喻说话人火气大，说话态度生硬、不客气。也说“跟吃了枪药似的”。例如：

你干吗这么大的火气？跟吃了火药一样。

9 在外边有了什么不顺心的事，别往家里撒火。

撒火：发脾气。例如：

生意没谈成，老板一肚子气没地方去，就冲着员工撒火。

10 我是工人，不太会说话。

不太会说话：指不太善于把话说得让人容易接受。例如：

这个服务员真不会说话，我还不到五十岁，张口闭口叫我“老太太”。

11 所以，孝道不是做表面文章，得落在实处。

做表面文章：比喻只注重形式或外表而不讲求内容或实效的做法。例如：

小李很会做表面文章，明明没做多少工作，但总是好像忙得不得了。

12 “久病床前无孝子”，何况是媳妇。

久病床前无孝子：父母长时间生病在床需要照顾，子女会失去耐心，做不到始终孝顺。例如：

婆婆瘫痪多年，大嫂细心照顾从不嫌烦，谁说“久病床前无孝子”？

13 现在我才理解什么叫“忠孝难两全”了。

忠孝难两全：报效国家和孝顺父母两方面难以同时都做得很好。例如：

如果说“忠孝难两全”，你会作怎样的选择？

14 刚有个提议，亲戚们的议论就来了，七大姑八大姨，天天打电话说我不孝。

七大姑八大姨：指多而杂的各门亲戚。例如：

一到春节，七大姑八大姨都来了，我们家从早到晚人来人往。

15 可不孝这顶大帽子谁受得了？

大帽子：比喻过重的罪名。例如：

我不喜欢新来的领导，一点儿小事就给人扣大帽子。

16 不养儿不知父母恩，自己生养了孩子才能体会父母的不容易。

不养儿不知父母恩：人只有自己做了父母，尝到了其中的艰难辛苦，才能体会到父母的养育之恩。例如：

小时候总是厌烦妈妈的唠叨，现在自己当了妈妈才知道辛苦的滋味，难怪老话说“不养儿不知父母恩”。

交际任务 Tasks

一 采访：你认为怎样算是孝顺？

参考问题：1. 在父母与孩子的关系问题上，中国人有哪些传统观念？
2. “孝顺”是不是指对父母要百依百顺？
3. 你觉得“久病床前无孝子”这种情况普遍吗？
4. 你有没有遇到“忠孝难两全”的矛盾？

二 给父母写一封感谢信：《致亲爱的爸爸/妈妈》

参考内容：1. 对父母养育之恩的感谢
2. 对亲情的体会
3. 对有关社会现象的思考

三 编写小品并表演

参考情景：1. 儿子与父亲/女儿与母亲的一次交谈
2. 婆媳之间
3. 空巢老人的一天
4. 养老院风波

练习 Exercises

课文理解

一 简要复述课文中各个人物的主要观点

二 朗读下列句子，注意语气、语调

1. 如果人类繁衍后代的结果是得不到后人的丝毫回报，那谁还愿意生儿育女？人类岂不是该灭绝了吗？
2. “孝道”本是中国的传统文化，但是随着时代的变迁，“孝道”的内涵也自然会有所改变。
3. 老林家也不富裕呀，两口子还都有病。
4. 一辈子辛辛苦苦培养儿女上大学，谁想到他们会一个一个都走掉呢？
5. 可现在保姆不好请，尤其是春节前后，说走就走，加工钱都留不住，能把人给急死。
6. 明知这是他们在养老问题上有偏见，可不孝这顶大帽子谁受得了？

三 举出课文中一个人物的观点，表示赞成或反对，并说明理由

词语练习

一 根据给出的解释，从课文中找到相应的词语或说法

1. 尊敬老人，爱护幼年的孩子——
2. 因为高兴、感激或悲伤而眼里充满泪水，形容非常感动——
3. 形容态度卑下，没有自尊心的样子——

4. 摸着胸口问自己，表示自我反省——
5. 比喻非常狼狈——
6. 故意让人为难——
7. 子女长大以后离开家，只剩下老人的家庭——
8. 自己的责任，不能推卸给别人——

二 词语归类

说说你所知道的关于父母与子女、长辈与晚辈关系的词语或说法，如：百善孝为先。

三 选词填空

热泪盈眶　　责无旁贷　　低三下四　　养家糊口

焦头烂额　　养老送终　　扪心自问

1. 最近忙得（　　　），天天晚上开夜车。
2. 没有钱不等于没有尊严，用不着对人（　　　）。
3. 小姑娘站在世界冠军的领奖台上时，禁不住（　　　）。
4. 我父母只有我一个孩子，将来为他们（　　　）肯定是（　　　）。
5. 一大家子只有我一个人挣钱，（　　　）真不容易呀。
6. 请你（　　　），有多少人帮助过你？你为什么还要说这种无情的话？

四 用指定词语完成对话

1. A：最近风靡全国的几个电影听说很棒。
   B：不错，我觉得________，________喜欢。
   （内涵　　由衷）

2. A：你的日子过得多顺心呀，大家都很羡慕你。
   B：只是能________而已，不过，________。
   （养家糊口　　知足）

3. A：你奶奶近来身体怎么样？
   B：老了，________________。
   （利落　　琢磨）

4. A：小张说，她婆婆对她不好，____________，____________。

B：婆媳跟母子不一样，关系的确不容易处理好。

（顺眼　　刁难）

成段表达

一　模仿例子，完成句子

1. 我听说东北地区流行“啃老”，就是年轻人吃老年人。

我听说现在有很多“空巢”家庭，就是……。

2. 我们琢磨着，等天暖和了就上养老院去吧。

妈妈琢磨着，等……。

3. 我骨子里是个很传统的人，讲究孝道。

他骨子里是个很自恋的人，……。

4. 我是真没有时间，一天从早忙到晚。

姐姐真的很孝顺，……。

二　模仿例句，说一段话

1. 中国人认为“百善孝为先”，<u>把</u>孝<u>放到</u>了伦理道德中非常重要<u>的位置上</u>。

（1）公司招聘很看重应聘者的工作能力，把……放到……的位置上。

（2）他找女朋友特别强调要漂亮，把……放到……的位置上。

（3）……，把……放到……的位置上。

2. <u>如果</u>人类繁衍后代的结果是得不到后人的丝毫回报，<u>那</u>谁还愿意生儿育女？人类<u>岂不</u>是该灭绝了吗？

（1）如果人人都随便破坏环境，那环境……？……岂不……？

（2）假如作弊者不受惩罚，那……？……岂不……？

（3）如果/假如……，那……？……岂不……？

3. 现在人们相处强调互相尊重，不管是父母也好，公婆也好，人格上都是平等的，晚辈不需要低三下四。

（1）现在年轻人追求独立，不管……也好，……也好，……都……。

（2）我家里的气氛很民主，不管……也好，……也好，……都……。

（3）现在……，不管……也好，……也好，……都……。

4. 一辈子辛辛苦苦培养儿女上大学，谁想到他们会一个一个都走掉呢？

（1）朋友们高高兴兴地来参加聚会，谁想到……呢？

（2）我为这次考试作了很多准备，谁想到……呢？

（3）……，谁想到……呢？

5. 过去都说“孝顺”，现如今的儿女和过去不一样了，孝不孝单说，顺就行。

（1）以前她总说要找个才貌双全的丈夫，现如今……，……单说，……就行。

（2）过去听人说好女人要上得了厅堂，下得了厨房，现如今……，……单说，……就行。

（3）过去/以前……，现如今……，……单说，……就行。

6. 我骨子里是个很传统的人，讲究孝道，但现在被这件事搞得焦头烂额。

（1）哥哥骨子里很浪漫，但……。

（2）……骨子里……，可表面上什么都不在乎。

（3）……骨子里……，但/可……。

7. 可现在保姆不好请，尤其是春节前后，说走就走，加工钱都留不住，能把人给急死。

（1）刚上中学的孩子最不好管，……，能把人给……死。

（2）他特别会说笑话，……，能把人给……死。

（3）……，能把人给……死。

8. 央求我爱人帮忙吧，她虽然嘴上不说，但心里并不愿意。

（1）老板是个明白人，你的工作做得好，他虽然……，但……。

（2）儿子每次给父母带来大包小包的土特产，父母虽然……，可……。

（3）……，虽然……，但/可……。

9. “久病床前无孝子”，何况是媳妇。

（1）没文化的老太太都懂的道理，何况……。

（2）……，何况我们是多年的好朋友。

（3）……，何况……。

10. 明知这是他们在养老问题上有偏见，可不孝这顶大帽子谁受得了？

（1）老师很了解学生的心理，明知……，但……。

（2）……明知……，可还是说出了自己的想法。

（3）明知……，可/但……。

自由表达

一 两人一组，互相问答

1. 你同意“孝顺就是对父母言听计从”的说法吗？
2. 你认为传统的孝道在现代社会是否发生了改变？
3. 你听说过“啃老族”吗？
4. 你认为忠孝能够两全吗？
5. 你同意“久病床前无孝子”的说法吗？
6. 假如你是哈先生，你会怎么办？
7. 你自认为是个孝子/孝女吗？

二 讨论：传统美德在当代社会能够保持下去吗？

1. 传统美德中的人性内涵具有永久的生命力。
2. 美德的标准是随着时代的变化而变化的。
3. 传统的东西不能一概而论，有的是精华，但也有糟粕。
4. 对家庭关系的看法，东西方文化差异很大。
5. 古今中外，亲情都是人们所珍视的。

推荐欣赏

听歌曲《常回家看看》。

歌词：

找点儿空闲，找点儿时间，
领着孩子，常回家看看；
带上笑容，带上祝愿，
陪同爱人，常回家看看。

妈妈准备了一些唠叨，
爸爸张罗了一桌好饭，
生活的烦恼跟妈妈说说，
工作的事情向爸爸谈谈。

常回家看看，回家看看，
哪怕帮妈妈刷刷筷子洗洗碗，
老人不图儿女为家作多大贡献呀，
一辈子不容易就图个团团圆圆。

常回家看看，回家看看，
哪怕给爸爸捶捶后背揉揉肩，
老人不图儿女为家作多大贡献呀，
一辈子总操心就奔个平平安安。

说一说： 1. 这首歌为什么要提醒儿女常回家看望父母？
2. 歌中描写的那些事情你回家时常常做吗？

6 “闪婚”素描

课文 Text

话题背景

人们常说：“爱情是盲目的，恋爱中的人是冲动的，所以婚姻是爱情的坟墓。”那从恋爱到结婚，我们要走多久呢？你的爱是否经得起时间的考验？

闪电般的婚姻“快餐”

对都市白领来说，3秒钟可以冲好一杯速溶咖啡；5分钟可以打开电脑，写好并发出一封电子邮件；7小时足以乘飞机跨越几大洲。对“闪婚”者来说，3秒钟可以爱上一个人，5分钟可以谈一场恋爱，7小时足以确定终身伴侣。闪电相识，闪电碰撞，闪电结婚，在当下这个“爱情速配”大行其道的年代，没有什么是不可能的。

28岁的小黄，娇小美丽，是长春某手机聊天室的“斑竹”，而27岁的小汤，看起来憨厚质朴，在北京某公司吉林分公司工作。8月1日，小黄第一次接到小汤的电话，热聊7个小时后，两人决定结婚；2日，两人第一次见面，并去民政局登记，因小黄忘带户口本，遗憾而归；4日，小黄带小汤回老家拜见岳母，征得老人同意；8日，共同租房子；10日，一起粉刷新居；11日，领到结婚登记证；16日，他们举行了简约而时尚的婚礼，随后携手外出旅游。

一切都快得不可思议，让人不禁想起一部电影的名字——《勇敢者的游戏》。就这样以令人瞠目的速度，小汤与小黄一举刷新了国内已知的“闪婚”纪录。

“我们也没有想到，没认识之前，原本都计划两三年之后再考虑婚事的，不过，既然缘分到了，就不容错过。”两个人说。

回答问题

1. 作者把婚恋跟什么作比较？为什么？
2. 说说小黄和小汤的婚恋过程。
3. 为什么说“闪婚”让人想起电影《勇敢者的游戏》？

“闪婚”有理

一位三十多岁的闪婚者的说法最有代表性：“我没时间去跑恋爱‘马拉松’！工作要搏、事业要搏、要去赚钱供楼供车……有太多的事情要去做，真没时间去恋爱！我就决定吃爱情快餐、搭婚姻快车。”

“别管认识是三天还是三个月，如果感觉恰到好处，还有什么可思考的？即便是青梅竹马，该分开也注定会分开，想结婚的人是不需要给自己理由的。因此，不要再问想闪婚的人为什么要闪婚了。”等待“闪婚”的一位男士这样说道。

回答问题

为什么说“闪婚”不需要理由？

当然，“闪婚一族”中不乏为了获取“绿卡”、“饭票”、“房子”等利益而速配的人。诚心婚介所的江先生介绍说，“闪婚一族”中有不少人怀有功利的想法，许多20多岁的年轻女士开出的条件是，要找公务员、华侨、白领、高级管理人员等。甚至一些高校的大三、大四学生，也把求偶资料挂在婚介所找对象，等待机会“闪电结婚”。

“越来越多的年轻人，加入了‘闪婚’队伍。未来几年内，‘闪婚’可能会成为年轻人婚恋的主要方式之一。”社会学家认为，“现今的社会处于转型期，思想较为开放，一切都加速，什么都要求速成。与此同时，人们把‘我’字无限放大，在婚恋问题上过分强调‘我喜欢’‘我愿意’‘两相情愿’，容易‘跟着感觉走’，于是缺乏理智的‘速成婚姻’应运而生。”

回答问题

1. 选择“闪婚”的大多是什么样的人？为什么？
2. 专家对“闪婚”的出现是怎么解释的？

何去何从？

据了解，“闪婚”一族多为年轻人，他们追求的大多是瞬间爆发的激情，但瞬间的激情往往掩盖了双方的某些缺点，而婚姻是现实的。年轻人追求浪漫美好的爱情本无可厚非，但是情感火花激烈迸发之后，双方面对相互照顾、培养下一代等婚姻责任的时候将何去何从呢？

据官方披露，从1978年至2003年，中国社会的离婚率上升了3.2倍，而在上海，离婚率在过去的20年中，更提升了20倍。结婚不超过一年就离婚的达到10%左右，其中不乏“闪婚”族。在对于婚后生活尚无把握的时候草草结婚又草草离婚，正说明了现代青年在婚姻道德上的一种缺失。

回答问题

1. “闪婚族”的婚姻是否存在问题？为什么？
2. “闪婚”现象对社会有什么影响？

一位新婚半年的张小姐似乎还没有习惯先生的呼噜声，她说：“‘相爱总是简单，相处太难’这句话太有道理了。共处一室一辈子，婚前容易被忽略的生活细节无情地暴露在眼前。”

记者从婚介所了解到一对“闪婚”者的追踪报告：22岁的小秦将“闪婚”进行到底——闪电式结婚又闪电式离婚！“我讨厌他每天都是早晨冲凉，晚上脸也不洗就睡了。”这是小秦闪电离婚的理由。

不到一天的时间，别说去深入了解这个人的为人、性格如何，就连对方的名字如何书写都还没弄清楚就和对方携手走进了婚姻的殿堂，这婚姻的基石从何而来？难道就是那些“房子”、“车子”、“票子”吗？还是那回眸一笑的一见钟情呢？当“鲜花”、“烛光”、“红酒”、“绿卡”、“票子”、“房子”、“车子”……都烟消云散的时候，我们还能仰天长叹“这都是月亮惹的祸”吗？

回答问题

1. 张小姐对自己的婚姻满意吗？为什么？
2. 小秦的婚姻问题说明了什么？
3. 作者认同闪婚吗？为什么？

选自南方网讯

词语表 Vocabulary

1.	素描	sùmiáo	名	单纯用线条描写或单色、不加彩色的绘画。 人物素描/素描画
2.	冲动	chōngdòng	形	做事鲁莽，不考虑后果。 冲动的行为/盲目冲动
3.	速溶	sùróng	动	快速溶解。 速溶咖啡/速溶奶粉
4.	跨越	kuàyuè	动	越过地区和时间的界限。 跨越五大洲/跨越式发展
5.	大行其道	dà xíng qí dào		某事某物流行、泛滥。 假货大行其道/“闪婚”正大行其道
6.	憨厚	hānhòu	形	形容人忠厚老实。 憨厚的小伙子/憨厚的样子

7.	质朴	zhìpǔ	形	朴素，纯朴。 一个质朴的年轻人
8.	拜见	bàijiàn	动	拜访、会见（从客人方面说是会见地位高或辈分高的人）。 拜见父母/拜见师傅
9.	粉刷	fěnshuā	动	用涂料涂抹墙壁等。 粉刷新房/粉刷墙壁
10.	简约	jiǎnyuē	形	简略；节俭。 简约的风格/简约而时尚
11.	携手	xié shǒu	离	手拉着手，形容齐心。 携手共进/携手共创美好明天
12.	不可思议	bù kě sīyì		不可想象，不能理解。 不可思议的结果/让人不可思议
13.	瞠目	chēngmù	动	直直地瞪着，形容受窘、惊恐或十分惊讶的样子。 令人瞠目/瞠目结舌
14.	一举	yìjǔ	副	一次行动，一下子。 一举成功/成败在此一举
15.	刷新	shuāxīn	动	刷洗之后使之变新，比喻突破旧的而创造出新的（纪录或内容）。 刷新纪录
16.	马拉松	mǎlāsōng	名	一种长跑比赛（Marathon），后常比喻时间持续得很久。 一场马拉松比赛/爱情马拉松
17.	恰到好处	qià dào hǎo chù		（说话、做事）正好到了最合适的地步。 不多不少，恰到好处。

18.	注定	zhùdìng	动	预先决定，不可避免。 注定失败/命中注定
19.	转型	zhuǎnxíng	动	社会的经济结构、价值观念、文化形态等发生转变。 转型期
20.	两相情愿	liǎng xiāng qíngyuàn		双方都愿意，互不勉强。也作“两厢情愿”。 爱情是两相情愿的事情，不可强求。
21.	应运而生	yìng yùn ér shēng		随着形势，适应时机而产生。 环保产品应运而生
22.	无可厚非	wú kě hòu fēi		不能过分责备，说话、做事虽有缺点，但还有可取之处，应予谅解。 父母疼爱孩子本是无可厚非的，但不能溺爱。/他的所作所为是无可厚非的。
23.	迸发	bèngfā	动	由内而外地突然发出。 激情迸发/迸发出巨大的能量
24.	披露	pīlù	动	发表，公布。 据报纸披露
25.	草草	cǎocǎo	副	急急忙忙，草率。 草草结婚/草草收场
26.	缺失	quēshī	动	缺少，失去。 道德缺失
27.	呼噜	hūlu	名	睡着时发出的粗重呼吸声。 呼噜声/打呼噜
28.	忽略	hūlüè	动	没有注意到，疏忽。 忽略错误/不可忽略的要素

29.	追踪	zhuīzōng	动	按踪迹或线索追寻。 追踪报道/追踪调查
30.	殿堂	diàntáng	名	宫殿、庙宇等高大建筑物。 婚姻的殿堂/神圣的殿堂
31.	基石	jīshí	名	做建筑物基础的石头，比喻基础或中坚力量。 爱情是婚姻的基石。
32.	眸	móu	名	眼珠。 回眸一笑/眼眸
33.	一见钟情	yí jiàn zhōngqíng		初次见面就爱上了对方。 他们是一见钟情，随后就结婚了。/一见钟情式的爱情真的存在吗？
34.	烟消云散	yān xiāo yún sàn		像烟雾和云气一样消散，比喻事物消失得无影无踪。 昨天的不愉快早就烟消云散了，他们依然是好朋友。/等到甜言蜜语烟消云散时，才发现真心才是最重要的。

注释 Notes

1 在当下这个“爱情速配”大行其道的年代，没有什么是不可能的。

在当下……的年代：“当下”意思是现在、目前。“在当下……的年代”通常用来强调这个年代具有的某种明显的特征。例如：

① 在当下这个金钱万能的年代，钱可以买得到任何你想要的东西。

② 在以前那个读书无用的年代，教室里常常空无一人。

2 2日，两人第一次见面，并去民政局登记。

民政局：负责管理选举、户籍、婚姻登记、社团登记、救济等事务的部门。

3 我就决定吃爱情快餐、搭婚姻快车。

吃爱情快餐、搭婚姻快车： "搭车"意思是乘车。"吃爱情快餐、搭婚姻快车"比喻迅速恋爱，迅速结婚。对待爱情和婚姻的态度就好像吃快餐、坐快车一样。

4 即便是青梅竹马，该分开也注定会分开，想结婚的人是不需要给自己理由的。

青梅竹马： "青梅"指青色的梅子，"竹马"指把竹竿当马骑。来源于唐代李白诗句"郎骑竹马来，绕床弄青梅"。"青梅竹马"形容小孩子天真无邪玩耍游戏的样子。现多用来形容男女幼年时亲密无间、感情长远深厚。例如：

① 他俩是青梅竹马的好伙伴。

② 我和她从小一起长大，青梅竹马，现在已经是老夫老妻了。

5 22岁的小秦将"闪婚"进行到底——闪电式结婚又闪电式离婚！

将……进行到底： 坚持做某件事，不考虑后果。例如：

① 即使会有很大的牺牲，我们也要将革命进行到底。

② "将爱情进行到底"是现在年轻人追求浪漫爱情的体现。

6 我们还能仰天长叹"这都是月亮惹的祸"吗？

这都是月亮惹的祸： "惹祸"指引起祸事、带来麻烦。"这都是……惹的祸"用来强调引起麻烦的原因，表示不满、抱怨的语气。"月亮惹的祸"是指月光下浪漫的爱情带来了麻烦。例如：

① "这都是你惹的祸！"妈妈大声地责备不听话的孩子。

② "都是你无意中说的那句"你有点儿胖"惹的祸，否则她不会那么生气。

交际任务 Tasks

一 采访：你对"闪婚"怎么看？

要　　求：1. 采访几个不同年龄、不同性别、不同类别的人，如：老人、年轻人；已婚者、未婚者。

2. 比较并归纳他们观点的异同。

参考问题：1. 你听说过"闪婚"吗？

2. 据了解，"闪电相识，闪电结婚"这种情况越来越多，你怎么看？

3. 有人说，现在是"爱情速配"大行其道的年代，你同意吗？为什么？

4. 你相信缘分吗？
5. 你会为了不错过缘分而草草结婚吗？
6. 当你发现自己的伴侣有许多以前忽略了的缺点时，你将如何面对？
7. “相爱总是简单，相处太难”这句话有道理吗？
8. 你觉得婚姻的基石是什么？“房子、车子、票子”还是“鲜花、烛光”？

二 辩论：“闪婚”有理吗？

正方：“闪婚”是现代人的生活节奏

反方：一时的激情难以长久

三 以不同的身份发表对“闪婚”的看法

身　　份：1. 向往“闪婚”的年轻人
　　　　　2. “闪婚族”的父母
　　　　　3. 质疑“闪婚族”的年轻人
　　　　　4. 批评“闪婚”的已婚者

参考词语：对……来说　　足以　　在当下……的年代　　不可思议
　　　　　一举　　草草　　吃爱情快餐，搭婚姻快车　　缺失
　　　　　为了……而……　　怀有……的想法　　不乏　　把握
　　　　　烟消云散　　在……的时候　　将……进行到底
　　　　　何去何从　　无可厚非

练习 Exercises

课文理解

一 简要复述课文大意

二 朗读下列句子，注意语气、语调

1. 爱情是盲目的，恋爱中的人是冲动的，所以婚姻是爱情的坟墓。
2. 在当下这个“爱情速配”大行其道的年代，没有什么是不可能的。
3. 有太多的事情要去做，真没时间去恋爱！
4. 即便是青梅竹马，该分开也注定会分开，想结婚的人是不需要给自己理由的。

5. 年轻人追求浪漫美好的爱情本无可厚非，但是情感火花激烈迸发之后，双方面对相互照顾、培养下一代等婚姻责任的时候将何去何从呢？
6. 这婚姻的基石从何而来？难道就是那些“房子”、“车子”、“票子”吗？还是那回眸一笑的一见钟情呢？
7. 当“鲜花”、“烛光”……都烟消云散的时候，我们还能仰天长叹“这都是月亮惹的祸”吗？

词语练习

一 根据给出的解释，从课文中找到相应的词语或说法

1. 不可想象，不能理解——
2. 不能过分责备，说话、做事虽有缺点，但还有可取之处，应予谅解——
3. 急急忙忙，草率——
4. 初次见面就爱上了对方——
5. 比喻事物消失得无影无踪——
6. 形容男女幼年时亲密无间、感情长远深厚——
7. 双方都愿意，互不勉强——
8. 随着形势，适应时机而产生——
9. （说话、做事）正好到了最合适的地步——
10. 比喻时间持续得很久——

二 词语归类

找出课文中表示“时间短暂”或与“速度快”相关的词语，如：速溶。

三 选词填空

不可思议　　两相情愿　　应运而生　　恰到好处
无可厚非　　一见钟情　　烟消云散　　青梅竹马

1. 互联网的强大功能使得电子商务（　　　　　），让人享受足不出户就能购物的便利。
2. 不管是恋爱还是结婚，都是（　　　　　）的事情，不可强求。
3. 在短短的一个月内，发生了许多（　　　　　）的事。
4. 这道菜做得（　　　　　），既保留了鱼的鲜嫩，又去掉了鱼腥味。

5. 父母爱孩子本来（　　　　　），但过度溺爱就适得其反了。
6. 经过几个月的相处，两人以前的恩怨早已（　　　　　）了。
7. 即使是（　　　　　）的恋人，也不一定完全了解对方。
8. 两人（　　　　　），刚认识两个月，就结婚了。

四　用指定词语完成对话

1. A：你能想象在三分钟之内爱上一个人吗？
   B：________________________________。
   （对……来说　　足以　　瞬间）

2. A：听说他的孩子已经认识上千个汉字了，真够聪明的。
   B：可不是嘛，________________________________。
   （不可思议　　不禁）

3. A：你怎么不再坚持独身了？
   B：________________________________。
   （原本……不过……　　缘分）

4. A：真不明白父母们为什么总是让孩子学这学那。
   B：是啊。________________________________。
   （为了……而……　　不乏）

5. A：你觉得有爱情就一定会结婚吗？
   B：________________________________。
   （追求　　瞬间　　承担）

6. A：现代人对爱情与婚姻的看法好像越来越随便了。
   B：________________________________。
   （草草　　无可厚非　　一见钟情）

7. A：和他结婚后，我发现我们很难相处下去，我该怎么办？
   B：________________________________。
   （激情　　掩盖　　何去何从）

8. A：你相信永恒的爱情吗？

B：＿＿＿＿＿＿＿＿＿＿＿＿＿＿＿＿＿＿＿＿＿＿＿＿＿＿＿＿＿＿。

（烟消云散　　别说……，连……都……　　忽略）

9. A：你最近好像胖多了，怎么回事？

B：＿＿＿＿＿＿＿＿＿＿＿＿＿＿＿＿＿＿＿＿＿＿＿＿＿＿＿＿＿＿。

（这都是……惹的祸）

成段表达

一　模仿例子，完成句子

1. 在当下这个"爱情速配"大行其道的年代，没有什么是不可能的。

在当下这个网络盛行的年代，……。

2. 一切都快得不可思议，让人不禁想起一部电影的名字——《勇敢者的游戏》。

一切发生得不可思议，……。

3. 就这样以令人瞠目的速度，小汤与小黄一举刷新了国内已知的"闪婚"纪录。

就这样悄悄地，我……。

4. 现今的社会什么都要求速成，与此同时，人们在婚恋问题上过分强调"我喜欢"、"我愿意"，于是缺乏理智的"速成婚姻"应运而生。

如今人们的环保意识不断提高，与此同时，政府也号召大家绿色出行，于是……。

5. 在对于婚后生活尚无把握的时候草草结婚又草草离婚，正说明了现代青年在婚姻道德上的一种缺失。

……，正说明你已经不再是孩子了。

二　模仿例句，说一段话

1. 没认识之前，<u>原本</u>都计划两三年之后再考虑婚事的，<u>不过</u>，<u>既然</u>缘分到了，<u>就</u>不容错过。

（1）原本没打算去你家，不过，既然……，就……。

（2）他原本想过两天再告诉女友，但是，既然……，就……。

（3）原本……，不过/但是，既然大家这么做，我也就只好这样了。

2. 别管认识是三天还是三个月，如果感觉恰到好处，还有什么可思考的？

（1）别管是闪婚还是包办婚姻，如果彼此相爱，还有什么……？

（2）别管是中国人还是外国人，如果……，还有什么……？

（3）别管……还是……，如果……，还有什么……？

3. 即便是青梅竹马，该分开也注定会分开，想结婚的人是不需要给自己理由的。

（1）即便是一分钱，该赔偿也……。

（2）即便你真的很忙，该……也……。

（3）即便……，该……也……。

4. 不到一天的时间，别说去深入了解这个人的为人、性格如何，就连对方的名字如何书写都还没弄清楚就和对方携手走进了婚姻的殿堂。

（1）不到一天的时间，别说全部做完，就连一部分都……。

（2）就一百块钱，别说一个手机，就连……都……。

（3）我不相信永恒的爱情，别说……，就连……都……。

5. 当“鲜花”、“烛光”、“红酒”、“绿卡”、“票子”、“房子”、“车子”……都烟消云散的时候，我们还能仰天长叹“这都是月亮惹的祸”吗？

（1）当所有的一切都烟消云散的时候，我们还能……吗？

（2）当美丽的谎言烟消云散时，你还能……吗？

（3）当……烟消云散的时候，我还能……吗？

自由表达

一 谈谈你对以下几种观点的看法

1. 婚姻是爱情的坟墓。
2. 相爱总是简单，相处太难。
3. 一见钟情只不过是美丽的爱情幻想。

4. 婚姻不能太功利。
5. "闪婚"符合社会发展的潮流。

二 自由讨论

1. 你理想的丈夫/妻子是什么样的?
2. 你对跨国婚姻怎么看?
3. 说说你们国家婚姻观念的历史变化。传统的婚姻与现代的婚姻有什么不同?
4. 在婚姻生活中,如何保持良好的夫妻关系?
5. 在恋爱过程中,你比较在意对方的哪些方面?
6. 你相信一见钟情吗?
7. 你对"老夫少妻"、"老妻少夫"如何看?
8. 你认为婚姻的基础是什么?
9. 你对"第三者"、"外遇"怎么看?
10. 年龄差异会影响爱情和婚姻吗?

相关阅读

"闪婚"各方评说

律师:比非法同居严肃

湖南唯楚律师事务所律师李依民认为,目前我国法律规定婚姻自由,相对于未婚同居,"闪婚"可以说是对婚姻采取了负责任的态度,"闪婚族"自愿接受来自社会的约束力,承担义务,比非法同居等行为要严肃得多。

民政部门:婚姻大事应该慎重

长沙市民政局办公室一位不愿透露姓名的工作人员认为,结婚快慢是个人的选择问题,别人不应强行干涉,但对于婚姻大事,还是应该采取更加慎重的态度。

社会学家:婚姻不能太功利

成松柳教授认为,"闪婚"现象是社会多元化的体现,如果双方能比较理智地、在逐步了解对方后,确认能一起适应未来的生活而踏上"红地毯",那就应该得到大家的祝福。但如果将婚姻建立在物质、名利等基础上,婚姻的爱情本质就完全物化变质了,其存在更像是一种利益的交换。

选自南方网讯

说一说：1. 律师认为“闪婚”与同居有何不同？
2. 社会学家主要考虑的是哪方面的问题？

婚姻质量更胜于天长地久

曾经一度，离婚对于中国女性来说就如天塌下来一般。现在，诸如蔡女士这样的年轻都市女性，将离婚看成是一项公民权利，从某种程度上而言，这使得中国的离婚率不断攀升。一项政府研究发现，广东省70%的离婚申请都是由妻子首先提出来的，去年广东的离婚夫妻数量上升了52%。

无论是对女性还是男性，社会道德观念的改变，都导致了其对婚姻期待的改变。就像学者所指出的那样：如果说中国夫妇曾经是背诵着古老的誓言“天长地久，海枯石烂”终生相守的，现如今他们则认为，糟糕的食物烹饪或者不和谐的夫妻性爱，就足够终止一场婚姻。

“在过去，传统的价值观最为重要，现在，个人主义已经取而代之。人们对于婚姻的观念和看法正在发生变化。”鲁英说道。她是主管广州中山大学妇女和性别研究中心的律师，“过去那种一生只能有一个配偶的观念被抛弃了，现在人们考虑的是婚姻的质量。如果婚姻生活不开心，夫妻之间可以平静地分手。”

早晨结婚，中午吵架，下午离婚

程序的简化，导致了一种新的、少见的社会现象——“闪电离婚”，当然也有“闪电结婚”。中国报纸这样形容如今年轻夫妇的婚姻：早晨结婚，中午吵架，下午离婚。

外遇成为离婚主要原因

对婚姻不忠贞已成为婚姻破裂的主要原因。中国某国家媒体援引广东的一项调查数据称，婚外性行为导致了30%的婚姻破裂，而“夫妻性生活不和谐”则为20%。

选自《青年参考》

说一说：1. 提出离婚的男性多还是女性多？
2. 离婚率升高的原因有哪些？

单元测试一（1~6课）

一 朗读下列句子（6分，每题1分）

1. 如果考的证多得能打扑克，又拿了许多5分，英语说得比普通话还好，你就可以在各种招聘中叱咤风云了。这就是隐忍不发，一鸣惊人——谁说书里没有黄金屋？
2. 有趣的是，不少被调查者在得知自己有可能被归入"手机依赖症"患者人群时，非但不沮丧，反而兴高采烈。因为对他们来说，"手机依赖症"具有"向别人显示自己工作繁忙，证明自己在社会上的重要性，从而满足虚荣心"这样的心理暗示。
3. 我们家孩子一有空儿就守在电脑前，看那些不知所云的网页和图片，一天到晚跟人瞎聊，什么正事儿都不干。你去干涉吧，人家还说你老土，跟不上时代。哎……真拿他没辙！
4. 只要有热情的工作态度、良好的组织沟通能力，都有机会获得提升。待遇其实是与个人能力紧密挂钩的，面试时过多谈薪水会让人对你的工作能力产生怀疑。
5. 过去都说"孝顺"，现如今的儿女和过去不一样了，孝不孝单说，顺就行，别整天跟吃了火药一样，总和父母戗着。老人也不是出气筒，在外边有了什么不顺心的事，别在家里撒火。
6. 一位三十多岁的闪婚者的说法最有代表性："我没有时间去跑恋爱'马拉松'！工作要搏、事业要搏、要去赚钱供楼供车……有太多的事情要去做，真没时间去恋爱！我就决定吃爱情快餐、搭婚姻快车。"

二 根据解释说出相应的词语（24分，每题1分）

1. 比喻平时没有特殊的表现，却突然做出惊人的成绩——
2. 因人的不同而有差异，也指具体问题具体对待——
3. 妄想得到本分以外的好处——
4. 比喻人的才能全部显露出来——
5. 无形中受到影响而发生变化——
6. 遇到应该做的事就积极主动去做，不推让——

7. 故意说夸大吓人的话，使人吃惊——
8. 像形体和它的影子那样分不开。形容彼此关系亲密，经常在一起——
9. 指一件事情逐渐发展盛行，形成一种良好风气——
10. 志趣相同，有共同的理想和志向——
11. 自己不能主动地从痛苦、错误或罪恶中解脱出来——
12. 比喻好上加好，美上添美——
13. 迎合别人的兴趣、喜好——
14. 比喻一下命中关键所在——
15. 比喻为了获得名利或达到某种目的而借助的初步手段——
16. 一点儿也不留下——
17. 摸着胸口问自己，表示自我反省——
18. 因为高兴、感激或悲伤而眼里充满泪水，形容非常感动——
19. 自己的责任，不能推卸给别人——
20. 尊敬老人、爱护年幼的孩子——
21. 不能过分责备，说话、做事虽有缺点，但还有可取之处，应予谅解——
22. 初次见面就爱上了对方——
23. 形容男女幼年时亲密无间、感情长远深厚——
24. 双方都愿意，互不勉强——

三 用指定词语完成对话（18分，每题3分）

1. A：你说我们能不能想个办法挣点儿外快啊？
   B：______________________________。
   （琢磨　　擅长）
   A：我不久前学会了太极拳，我可以教太极拳。
   B：______________________________。
   （现炒现卖　　派上用场）

2. A：你今天怎么垂头丧气的？
   B：______________________________。
   （……过了头　　莫名其妙）
   A：听说昨天考试的成绩已经出来了，你考得怎么样？
   B：______________________________。
   （暗示　　沮丧）

3. A：我觉得你的弟弟有点儿迷恋网络。

B：______________________________。

（不能自拔　　没辙）

A：他自己意识到了这个问题吗？

B：没有，他说网络给他带来了全新的生活，______________。

（应有尽有　　展示）

4. A：明天我要去参加一个面试，你有什么建议？

B：______________________________。

（看重　　投其所好）

A：你说是学历更重要还是能力更重要呢？

B：______________________________。

（……与……紧密挂钩　　看好）

5. A：好久没见了，最近在忙什么呢？

B：哎，忙父母的事情，______________________。

（琢磨　　焦头烂额）

A：既要照顾老人，又要养家糊口，真是不容易啊！

B：______________________________。

（责无旁贷　　由衷）

6. A：听说有些年轻人认为如果有缘分，即使刚认识，也可以结婚。

B：______________________________。

（一见钟情　　无可厚非）

A：不过，我还是觉得婚姻是人生大事，需要慎重考虑。

B：是啊，__________________________。

（草草　　不可思议）

四　从以下话题中抽取两个进行讲述（40分，每题20分）

1.（1）大学期间忙着打工赚钱好不好？为什么？

（2）在你们国家，打工的学生往往从事哪些工作？为什么？

2.（1）说说手机的利与弊。

（2）什么是“依赖症”？“手机依赖症”有哪些病理表现？

3.（1）你认为网络使人亲近还是疏远？为什么？
（2）网络给你的生活带来的最大变化是什么？

4.（1）面试时应该注意哪些方面的问题？有哪些技巧？
（2）假设你去应聘中文学校/辅导班的中文老师，请作一个自我介绍。

5.（1）在父母与孩子的关系问题上，中国人有哪些传统观念？现代社会有什么样的变化？
（2）说说你们国家的孝道与中国的孝道有何异同。

6.（1）为什么现代社会会出现“闪婚”现象？这种现象对社会有什么影响？
（2）你认为“闪婚族”的婚姻是否存在问题？为什么？

五 回答提问（12分）（围绕第四题的话题及学生的讲述情况随机提问）

7 走近精神会所

课文 Text

话题背景

如今，各式各样的会所可谓五花八门，但什么是“精神会所”？记者约请了几位不同职业的女性聊起了这个话题。

在“精神会所”聊心事

（一）给不良情绪找个出口

季英（中学教师）：

我这个人岁数不大，可挺保守，特别看重稳定。估计这跟我的经历有关。我从小就过着动荡不安的生活，父母在外地，我上中学后转学到北京，虽说是住在爷爷奶奶家里，但总是摆脱不了寄人篱下的感觉。考大学时我坚持报了师范大学，就一个理由：教师这个职业稳定。可是，没想到不久前发生的一件事一下子打乱了我的生活：我发现丈夫居然还保留着以前的情书和情人的照片！当时我真是又气又急。打电话问丈夫怎么回事，他说跟我结婚就是对过去的否定。我问："既然否定为什么还要保留这些东西？是不是还藕断丝连？"他一言不发挂断了电话。这时候，不跟人诉说一下真受不了，希望能有人帮我解开我心中的疑惑。朋友们说，每个人都曾经年轻过，都会有和异性交往的经历，也都会留下或痛苦或美好的回忆，这些痕迹是无法抹去的。再好的夫妻也是两个单独的个体，有着属于自己的秘密和心理空间，没必要完全展示给别人。他现在对你好就行了，没必要追究他的过去。这些话让我想开了不少。

回答问题

1. 季英有什么性格特点？这与她的哪些经历有关？
2. 她为什么要报考师范大学？
3. 不久前她的家里发生了什么事？对她产生了怎样的影响？
4. 她的朋友如何劝告她？
5. 如果你碰上这类事，你会怎么处理？

（二）女人更需要"精神会所"

葛明芬（主任医师）：

现代医学表明，宣泄可以缓解人的紧张情绪，长期将种种郁闷憋在心里，不仅会造成精神抑郁，甚至可能致癌。女性的平均寿命高于男性，根本原因就在于女性能够随时随地倾诉心中的想法，这些琐碎的倾诉里包含着深刻而广泛的情感问题。

"精神会所"的产生是因为有一个新的阶层出现了。比较有钱有闲的女人比过去多了，更多的女性追求生活质量。女性在社会中的位置很独特，一个女人和老公闹矛盾，会波及公婆和兄弟姐妹，搅得一个家族不得安宁。诉说在女性的生活中普遍存在。实际上，说什么往往并不重要，有些问题不是说就能解决的，但说一遍可以达到宣泄的效果，心理上得到释放，这个过程对女性来说非常重要。女性在述说过程中可以体验到归属感和认同感，女性比男性更重视彼此之间的关系是否亲密，她们把聊天当成是一种建立和巩固关系的手段、方式。女性聊天，往往以交流经验和互相安慰为主。女性一旦感到缺少交流，会认为自己被别人疏远了，会感到失望、不安，这是一种自恋情结，没办法。她们察觉到这种危险就必须找人聊天。

还有，女人喜欢在谈话中提出问题，她们把这个看成是保持对话的一种手段。现在的女人比过去更加渴望倾诉，尤其是30多岁的职业女性，她们置身于工作、家庭、情感、人际关系、子女教育、自我提升诸多问题的挤压中，内心的困惑比任何一个时期、任何一个年龄段的人都强烈复杂，需要向人诉说，于是某些场合就会成为女人的“精神会所”。

回答问题

1. 郁闷情绪会损害人的健康吗？有什么解决办法？
2. 为什么女性的平均寿命高于男性？
3. 为什么现在会出现精神会所？
4. 聊天对于女性意味着什么？
5. 为什么说“现在的女人比过去更加渴望倾诉”？

（三）开个聊吧聊聊吧

王国萍（家庭主妇）：

我是个热心肠的人，看到、听到谁有什么难事都愿意帮忙，即便帮不上忙，也会安慰对方几句，所以交了不少朋友，用北京话说，就是人缘儿极好。有一段时间，我们家的电话简直快成了心理热线，谁有事都愿意找我说说。我们说的内容太广泛了，大到子女教育、婚外恋、婆媳关系，小到哪儿有新的护肤用品、哪家美容店的手法好……

我过去和老公一起开公司，回家不干是因为儿子需要照顾。我发现在我们家这片别墅区里像自己这样的有不少人。有时候，要是在住宅区的会所里碰上头，我就主动和她们搭话。我很快就建立起威信来了，这跟我爱发表见解有很大关系。我把自己管理老公的那几招儿传授出去，她们都竖起大拇指夸赞我的主意高。我把自己的奋斗史一说，那些人都傻了。我40岁，可经商的年头却长达24年。我总爱说：什么样的阵势没见过？什么样的买卖没干过？我是改革开放政策的受益者，也是市场经济的实战派。我还告诉她们：我从初中一毕业，就和现在的老公同居，半辈子没换过男人。那时候谁敢同居？得背多大罪名？可我们愣是熬过来了！

女人爱聊天，有钱有闲的女人更爱聊天。可串门不符合现在这身份，在健身房东拉西扯也不合适。于是，我就想：索性开个“聊吧”，搞个能聊天的、聊累了还能喝口水的地方，给女性朋友提供一个倾诉和交流的场所。这主意老公挺支持，找房子、装修对我来说轻车熟路，没花多少钱就搞定了。

我开的“聊吧”比较有特色，我们每周推出一个“主喷人”，就是谁有事情都找她解决，大家轮流。聊天也有技巧，比方说对方遇到麻烦，首先要帮助解决问题，而不能火上浇油。我当“主喷人”往往先拿自己打比方，我说所有男人都好色，我老公也不例外，走在街上看见哪个女孩子漂亮都走神，家里来了漂亮女客人，吃饭的时候就主动给人家盛汤献殷勤，可我不往心里去，认为那是爱美之心。

我现在开办“精神会所”并不以赢利为主，但也不赔钱，因为白天对外是卖茶的“水坊”，外带卖些风味食品，只有晚上才是女性朋友聚集的“精神会所”，是“聊吧”。

回答问题

1. 王国萍是个什么样性格的人？
2. 她为什么想到要开个“聊吧”？
3. 她为什么能很快在邻居中建立起威信？
4. 她有过哪些特别的经历？
5. 她的“聊吧”有什么特色？
6. 这个“聊吧”经营得怎么样？

选自《北京晚报》

词语表 Vocabulary

1.	会所	huìsuǒ	名	相同社会阶层者聚会的场所。 高级会所/私人会所
2.	心事	xīnshì	名	心里想的事。 有心事/心事重重
3.	动荡	dòngdàng	形	情况或局势不安定。 动荡年代/社会动荡
4.	寄人篱下	jì rén lí xià		比喻依靠别人过活。 阿明在亲戚家尝够了寄人篱下的滋味。
5.	藕断丝连	ǒu duàn sī lián		比喻表面上好像已经断了关系，实际上仍然有牵挂（多指爱情）。 分手之后，他们还有一段藕断丝连的时期。
6.	追究	zhuījiū	动	事后追问（根由、责任）。 追究责任/不予追究
7.	宣泄	xuānxiè	动	排解或释放紧张情绪的过程。 宣泄不满/宣泄情感
8.	致癌	zhì ái		能够诱发癌症。 致癌物/致癌作用
9.	倾诉	qīngsù	动	把想要说的心里话全部说出来。 倾诉感情/倾诉心事
10.	波及	bōjí	动	影响到或牵涉到。 波及社会/波及全球
11.	搅	jiǎo	动	扰乱。 搅和/搅事
12.	归属	guīshǔ	动	归附，从属。 情感归属/岛屿归属

13.	情结	qíngjié	名	一种有关观念、情感、意象的综合体，深藏心底的感情
			思乡情结/恋母情结	
14.	吧	bā	名	具有特定功能的小型休闲场所。
			酒吧/网吧	
15.	人缘儿	rényuánr	名	跟人相处的关系（多指良好的关系）。
			好人缘儿/有人缘儿	
16.	别墅	biéshù	名	独立的庄园式居所。
			高档别墅/买别墅	
17.	威信	wēixìn	名	威望与信誉。
			树立威信/威信高	
18.	招儿	zhāor	名	办法。（口语）
			高招儿/出招儿	
19.	阵势	zhènshì	名	场面，架势。
			可怕的阵势/拉开阵势	
20.	愣	lèng	副	偏偏，偏要。
			大冬天的，他愣是不穿棉衣。	
21.	轻车熟路	qīng chē shú lù		驾着轻便的车在熟悉的路上走，比喻对情况熟悉，做起来容易。
			这个工作对他来说是轻车熟路。	
22.	火上浇油	huǒ shàng jiāo yóu		比喻使人更加愤怒或使事态更加严重。
			你可不要火上浇油。	
23.	献殷勤	xiàn yīnqín		为了讨别人的喜欢而做让别人高兴的事。
			他一看到漂亮女生就向人家献殷勤。	

注释 Notes

1 我是个热心肠的人，看到、听到谁有什么难事都愿意帮忙。

热心肠：待人热情、做事积极的性情。例如：

① 凭张大妈的热心肠，做调解工作最合适不过了。

② 班长要为大家服务，得选个热心肠的人。

2 我们家的电话简直快成了心理热线。

热线：为了便于随时联系而经常处于准备状态的电话线路。例如：

① 现在很多银行都提供24小时热线服务。

② 本台已开通点播热线，欢迎听众朋友致电。

3 可串门不符合现在这身份，在健身房东拉西扯也不合适。

东拉西扯：说一些漫无边际的闲话。例如：

① 晚上没什么事的时候，大家就聚在一起东拉西扯地闲聊。

② 别东拉西扯了，有什么事快说。

4 找房子、装修对我来说轻车熟路，没花多少钱就搞定了。

搞定：把事情处理妥当。例如：

① 买车还不简单？看货付款，一天就可以搞定。

② 你自己能把这事儿搞定吗？要不要我帮忙？

交际任务 Tasks

一 给你的朋友介绍王国萍和她的"聊吧"，请朋友谈谈听后的印象

二 采访：聊天在你的生活中重要吗？

要　　求：找你认识的一位中国女性作为采访对象，年龄、职业不限。

参考问题：1. 当你心情不好的时候，你会用什么办法宣泄？

2. 你有没有一个热心肠的好朋友，可以经常向他/她倾诉你的烦恼？

3. 如果我的男/女朋友跟他/她以前的恋人藕断丝连，你能给我出什么主意？
4. 我不喜欢爱东拉西扯的人，可我发现这样的人一般人缘儿都比较好，你觉得呢？

三 给大家介绍一种宣泄烦恼的方法

参考词语：倾诉　交流　宣泄　缓解　心事　想开了/想不开
心理热线　安慰　释放　归属感　认同感　渴望

练习 Exercises

课文理解

一 简要复述课文大意

二 朗读下列句子，注意语气、语调

1. 考大学时我坚持报了师范大学，就一个理由：教师这个职业稳定。
2. 我问："既然否定为什么还要保留这些东西？是不是还藕断丝连？"他一言不发挂断了电话。
3. 现代医学表明，宣泄可以缓解人的紧张情绪，长期将种种郁闷憋在心里，不仅会造成精神抑郁，甚至可以致癌。
4. 女性一旦感到缺少交流，会认为自己被别人疏远了，会感到失望、不安，这是一种自恋情结，没办法。
5. 我总爱说：什么样的阵势没见过？什么样的买卖没干过？我是改革开放政策的受益者，也是市场经济的实战派。
6. 那时候谁敢同居？得背多大罪名？可我们愣是熬过来了！

三 如果你也碰到了季英的烦恼，你会采取同样的解决方式吗？

词语练习

一 根据给出的解释，从课文中找到相应的词语或说法

1. 比喻依靠别人过活——
2. 待人热情、做事积极的性情——
3. 把事情处理妥当——
4. 为了讨别人的喜欢而做让别人高兴的事——
5. 比喻表面上好像已经断了关系，实际上仍然有牵挂（多指爱情）——
6. 跟人相处的关系（多指良好的关系）——
7. 驾着轻便的车在熟悉的路上走，比喻对情况熟悉，做起来容易——
8. 说一些漫无边际的闲话——
9. 比喻使人更加愤怒或使事态更加严重——
10. 为了便于随时联系而经常处于准备状态的电话线路——

二 词语归类

说说你知道的与心理健康有关的词语、说法，如：宣泄、郁闷。

三 选词填空

寄人篱下　　藕断丝连　　东拉西扯　　轻车熟路
火上浇油　　热心肠　　自恋情结　　倾诉

1. 我弟弟特别爱漂亮，每次出门前都要照半天镜子，家里人笑他有（　　　）。
2. 我去联系晚会赞助吧。每次搞活动都是我负责这事，已经（　　　）了。
3. 我是在亲戚家长大的，（　　　）的滋味让我一辈子都忘不了。
4. 既然已经分手，就不要再（　　　），那样对谁都没有好处。
5. 我不听你（　　　）了，我还有要紧事要做。
6. 顾客已经很生气了，你不要再（　　　）。
7. 我有了不顺心的事会向好朋友（　　　）。
8. 班长是个（　　　）的人，不管谁有困难，他都愿意帮忙。

四 用指定词语完成对话

1. A：他们俩不是分手了吗？怎么又一起去旅行呢？

B：____。

（藕断丝连　　索性）

2. A：我最近不知怎么了，总是不开心。

B：____。

（心事　　倾诉　　宣泄）

3. A：都说抽烟有害健康，你怎么还没戒呀？

B：____。

（致癌　　缓解　　熬）

4. A：____。

（寄人篱下　　归属　　情结）

B：对，应该尽可能让孩子跟父母在一起生活。

5. A：____。

（热心肠　　人缘儿　　威信）

B：这样的人谁都喜欢。

成段表达

一 模仿例子，完成句子

1. 考大学时我坚持报了师范大学，就一个理由：教师这个职业稳定。

决定留学时我坚持要来北京，……。

2. 他现在对你好就行了，没必要追究他的过去。这些话让我想开了不少。

……，这些话让我想开了不少。

3. 我们说的内容太广泛了，大到子女教育、婚外恋、婆媳关系，小到哪儿有新的护肤用品、哪家美容店的手法好……

我们的讨论内容太丰富了，大到……，小到……。

4. 聊天也有技巧。比方说对方遇到麻烦，首先要帮助解决问题，而不能火上浇油。
考试也有技巧，比方说……。

二 模仿例句，说一段话

1. 我这个人岁数不大，可挺保守，特别看重稳定。估计这跟我的经历有关。
（1）他这个人脾气不好，可心眼儿不坏，特别看重朋友。估计这跟……有关。
（2）张老师这个人平时很随和，可对学生要求很严格，特别看重……。估计这跟……有关。
（3）我这个人……，可……，特别看重……。估计这跟……有关。

2. 我发现丈夫居然还保留着以前的情书和情人的照片！当时我真是又气又急。打电话问丈夫怎么回事，他说跟我结婚就是对过去的否定。
（1）我发现超市卖的牛奶居然已经过期了！当时我立刻去找超市经理，问他怎么回事，他说……。
（2）我发现家里有一张彩票居然中了199万的大奖！当时我……。……问……怎么回事，……说……。
（3）我发现……居然……，当时我……。……问……怎么回事，……说……。

3. 现代医学表明，宣泄可以缓解人的紧张情绪，长期将种种郁闷憋在心里，不仅会造成精神抑郁，甚至可以致癌。
（1）科学研究表明，运动可以延缓衰老，……，不仅……，甚至……。
（2）心理分析结果表明，……可以……，……，不仅……，甚至……。
（3）……表明，……可以……，……，不仅……，甚至……。

4. 女性一旦感到缺少交流，会认为自己被别人疏远了，会感到失望、不安，这是一种自恋情结，没办法。
（1）孩子一旦产生自卑，会认为所有的人都不喜欢他，会感到沮丧，这是……。
（2）经理一旦发现文件丢失，会认为是员工责任心不强，会感到……，这是……。
（3）……一旦……，会认为……，会感到……，这是……。

5. 我是个热心肠的人，看到、听到谁有什么难事都愿意帮忙，即便帮不上忙，也会安慰对方几句，所以交了不少朋友。

（1）我是个容易紧张的人，一点儿小事也会焦虑不安，即便别人告诉我不要紧，也还是会一直担心，所以……。

（2）妹妹是个脆弱的人，看到电视里的恐怖镜头也会睡不着觉，即便……，也……，所以……。

（3）……是个……的人，……，即便……，也……，所以……。

6. 女人爱聊天，有钱有闲的女人更爱聊天。可串门不符合现在这身份，在健身房东拉西扯也不合适。于是，我就想：索性开个“聊吧”，搞个能聊天的、聊累了还能喝口水的地方。

（1）四川人爱吃辣，重庆人尤其爱吃。可我们这里不种辣椒，在市场上也买不到，于是，公司里的重庆人就……。

（2）我弟弟爱上网，特别是喜欢玩儿电脑游戏。可……，于是，……。

（3）……爱……，……。可……，于是，……。

自由表达

一 分别描述课文中三位被采访者的性格特点、职业特点及她们给你的印象。

二 分组办“聊吧”，轮流作“主喷人”，帮助同学解决情绪问题。

参考话题：1. 跟同屋闹矛盾了，很不开心。

2. 最近身体不好，说起自己的病就心烦意乱。
3. 刚来北京不久，经常想家。
4. 失恋了，一提起男朋友移情别恋就流眼泪。
5. 逛街时丢了钱，非常郁闷。

相关阅读

去看看蚂蚁吧

那阵子我的情况真的很糟糕：先是相爱多年的女友移情别恋，紧接着辛苦积攒的存款又不翼而飞。再后来，因为自己心烦意乱，导致工作频频失误，不仅天天挨领导批评，最后连属于我的升迁机会也被别人抢去了。真可谓“屋漏偏遭连阴雨，船破又遇顶头风”，倒霉透了。面对这一系列的烦心事，我感觉世界一片黑暗，前途一片迷茫，精神濒临崩溃。

那是个雨后的黄昏，晚霞燃烧在西边的天空。百无聊赖的我孑然一人静静地坐在河边公园的长椅上，目光呆滞地望着渐渐西沉的夕阳，不言不语，满心惆怅。

不知过了多久，突然有个声音在我耳边响起：“小伙子，有什么心事可以跟我聊聊吗？”

猛抬头，发现自己身边不知何时竟坐了位鹤发童颜的老者。很显然，老者已从我漠然的表情上读出了我内心无限的苦闷。说真的，当时我并没准备向老者诉说什么，因为我知道诉说也无用，可是后来不知怎么的，竟然竹筒倒豆子一般把自己的心思一股脑全说出来了。后来我想之所以会这样，应该有两方面的原因：一是凭直觉感觉老者值得信赖，二是自己有倾诉的欲望，如此而已。

本以为老者会像其他人一样对我说几句无关痛痒的安慰话，但是没有，老者一直就那么默默地听着，没发一言。我长吁短叹了不知多少次，最后终于累了，不再言语了。直到这时，老者才慢悠悠地问我：“小伙子，看看，那是什么？”

顺着老者手指的方向，我看到离我脚边不远的地方有一群蚂蚁，正在忙忙碌碌地搬运着什么东西，除此，别无他物。于是我反问老者：“那不是蚂蚁吗？”

“嗯，是的，那的确是一群蚂蚁。”老者说，“你看它们忙得多欢，是不是很像我们人类在不停地劳作？”见我眯缝着眼睛疑惑不解地盯着他，老者接着问我：“蚂蚁是不是很渺小？”

“那还用问。”我不假思索地答道。

“知道吗？在上苍的眼里，我们人类就如同这蚂蚁一样的渺小。小伙子，如果你能用蚂蚁的心态去看待世间的人和事，那么你就会什么都看得淡，什么都想得开了。”

老者一席话如醍醐灌顶，让处于迷惘状态的我幡然醒悟。是啊，生命的个体相对于茫茫宇宙，尚不如沧海之一粟，我们有什么必要去为身外的名利烦恼不已呢？再次低下头来看看那些忙忙碌碌的小蚂蚁，想想我们人类在上帝的眼里竟然也像蚂蚁一样微不足道，我那原来波涛汹涌的心海骤然平静下来。

时光如白驹过隙，转瞬即逝。十几年了，老者的话语始终回响在我的耳边，它让我明白了什么叫宠辱不惊，懂得什么是生活的真谛。每当朋友们向我讨教消除烦恼的方法，我总会对他（她）们说：去看看蚂蚁吧。

选自《北京晚报》

说一说： 1. “我”为什么会向一个陌生人诉说心中的烦恼？你会吗？

2. 你同意“我们人类在上帝眼里竟然也像蚂蚁一样微不足道”这个说法吗？

8 都市另类生活

课文 Text

话题背景

时下，人们喜欢把一些个性群体称为“某某族”。他们因为特定的生活方式、消费习惯、工作理念、兴趣爱好和价值观等方面的趋同性和独特性而被归类为某一群体。随着城市人的生活方式的改变，社会上出现了很多新族群。

都市生活之一：月光族

李小姐毕业于北京一所比较有名的大学，在一家金融公司工作两年，月薪6000元，除去每个月的房租、生活费，再加上偶尔在三里屯酒吧小酌两杯，工资就所剩无几了。与北京市民的平均工资相比，她的工资算多的了。即便这样，李小姐依然抱怨：“每到月底，我就两手空空，望眼欲穿地盼望着下个月的工资。”

像李小姐这样的都市“月光族”如今已是一个不小的群体。个别美女还因此有了“月光女神”、“月光美眉”这样好听的代号。其实，“月光”就是每月薪水花光的意思。他们是一帮高唱以零储蓄为乐的消费狂人，他们的理念是："花钱就要花得开心，只有花出去的才是钱。"所以每个月辛苦挣来的钱，到了月末总是会花得精光。他们崇尚品牌，追求格调和个性，以消费为快乐。正因如此，月光族的特征极好辨认：非名牌不穿，非精品烟不抽，一双袜子就要好几百元，一身行头有可能价值上万元……这种人似乎不应该算"穷人"吧，但这些消费却耗掉了月光族们几乎所有的收入，他们甚至为此贷款。别指望在他们的银行户头上看见存款，他们是零储蓄族。不过，月光族的成员绝对是国家经济政策最欢迎的一类，他们引导着中国新的消费文化，是能够拉动内需的消费先锋。

回答问题

1. 什么是"月光族"？
2. 李小姐的工资跟普通人相比是高还是低？
3. 李小姐如何使用她的工资？
4. 李小姐到月底时的情况是什么样的？

都市生活之二：租生活

受金融危机影响，都市生活成本不断上涨，不少年轻人转变了消费观念，用以租代买的方式来缓解经济压力，经营自己的生活。他们的口号是"不求天长地久，只求曾经享有"。

王女士是一名白领，月收入八九千元。工作5年来，她添置了不少皮包、服装和饰品，家中的柜子几乎放不下这些东西了。半年前，她生了孩子以后发现防辐射孕妇服用不上了，便以50元的价格租给了一位朋友。“买这件衣服花了200元，如果能租给4个人，这笔钱就赚回来了。”王女士说，她因此受到启发，决定把自己闲置的物品都出租出去。没想到这些闲置物品很抢手，不到一个月就被朋友租光了。现在，她正筹划着开自己的出租网站，让更多的闲置物品发挥余热。

“只有想不到的，没有租不到的。”资深租客夏小姐说。“租生活”能提高物品的使用率，不再为“留之无用，弃之可惜”头疼，这样既能享受又能省钱，是一种轻松快乐的理财方式。在各种各样的租物网站上，从传统的租汽车、租房子到租服装、租电脑，甚至租宠物和人，包罗万象，无所不有。对收入不高的年轻人来说，租赁降低了生活成本，提升了每一分钱的使用效率，实际是一种省钱的方式。金融危机之下，收入减少的群体要精打细算、节省开支，以最少的投入保证生活质量，以租代买正体现了人们消费观念的变化，也逐渐成为一种时尚潮流。

尽管租物很方便也很实惠，但持观望态度的人也不少。怎样保证租物的质量？租了不还怎么办？坏了如何赔？……这些都是必须考虑的问题。法律保障和诚信意识的不足是租赁行业所面临的最大考验。

回答问题

1. “租生活”出现的原因是什么？
2. 王女士是如何开始“租生活”的？
3. 现在你能从租物网站上找到些什么东西？
4. “租生活”对哪类人比较合适？为什么？
5. “租生活”面临的最大困难是什么？

都市生活之三：低碳族

手机一旦充电完成，立即拔掉充电插头；选择晾晒衣物，避免使用干衣机；不开汽车改骑自行车……尽管阿美是个准金领，有房、有车、有金龟老公，可是她却过起了“低碳生活”。

由于人类对环境的破坏，二氧化碳的过多排放造成全球气候升温，致使两极冰层加速融化，极端天气越来越多。于是阿美决心选择一种“低碳”的生活方式——降低二氧化碳的排放量，低能量、低消耗、低开支的生活方式。

我问她：“你一个人的力量对于整个地球简直是微乎其微，何必呢？”“一个节能灯、一台太阳能热水器能为节能减排作的贡献的确很小，可13亿人中只要有十分之一的人用它们来取代传统产品，那节约的能源、减少的碳排量都将会是天文数字！”想不到阿美的觉悟高到如此程度，真让我汗颜。

“你不用惭愧，很多人和你的想法一样，但如果每个人从现在做起、从我做起，不就好了吗？我们可以为环保作的最直接有效的贡献其实就是——节省碳排放!”阿美安慰我道。如果这样的低碳生活可以让我们的身体更健康、环境更优美，同时还能减少开销，既减轻了自身的压力，也减轻了地球的压力，何乐而不为呢？

朱海伦也是“低碳一族”，崇尚简单而健康的生活方式。他多喝水、少喝酒，因为酿酒的过程要消耗能源，会排放大量碳；他多用一寸光、少用一度电，尽量多地使用绿色能源；他多吃素菜、少吃荤菜，因为果蔬所排放的二氧化碳量远远少于肉类生产过程所排放的量。朱海伦觉得，出外吃饭剩下一大桌菜是对资源的不尊重，人们应该能吃多少就点多少。“我们要低碳，不要说‘不差钱’，如果你觉得‘不差钱’，那你差的就是一种社会责任感。”朱海伦说。“低碳生活”应成为社会全民的追求和准则。

回答问题

1. “低碳生活”是一种什么样的生活？
2. 阿美认为一个人的力量能够拯救地球吗？
3. 介绍一下朱海伦的“低碳生活”。

选自《天津日报》

词语表 Vocabulary

1.	趋同性	qūtóngxìng	名	趋于一致的特性。 全球化带来趋同性
2.	酌	zhuó	动	斟（酒），饮（酒）。 小酌一杯
3.	所剩无几	suǒ shèng wújǐ		剩下的没有多少了。 他把东西都送朋友了，连家具也所剩无几。
4.	望眼欲穿	wàng yǎn yù chuān		眼睛都要望穿了，形容非常盼望。 望眼欲穿地等
5.	精光	jīngguāng	形	一无所有，一点儿不剩。 花得精光/卖得精光
6.	崇尚	chóngshàng	动	推崇，提倡。 崇尚名牌/崇尚艺术

7.	格调	gédiào	名	风格，品格。 格调高雅
8.	辨认	biànrèn	动	根据特点辨别，作出判断，以便找出或认定某一对象。 辨认字迹/无法辨认
9.	行头	xíngtou	名	戏曲演员演出时用的服装道具，后泛指服装（含幽默的意思）。 演出行头/一身行头
10.	引导	yǐndǎo	动	带领，使跟随。 要善于引导学生/正确的引导
11.	先锋	xiānfēng	名	行军或作战时的先遣将领或先头部队，比喻起先头引导作用的人或集体。 革命先锋/时代先锋
12.	添置	tiānzhì	动	在原有的基础上再增添、购置。 添置衣物/添置新设备
13.	辐射	fúshè	动	热、光、声、电磁波等物质向四周传播。 防辐射
14.	启发	qǐfā	动	开导指点，使产生联想并有所领悟。 启发学生/得到很大的启发
15.	闲置	xiánzhì	动	搁置在一边不用。 闲置物品/闲置状态
16.	筹划	chóuhuà	动	想办法，订计划。 仔细筹划/筹划资金
17.	资深	zīshēn	形	阅历丰富，资格老。 资深教授/资深艺术家

18.	包罗万象	bāoluó wànxiàng		万象：宇宙间的一切景象，指各种事物。形容内容丰富，应有尽有。 这本百科全书可真是包罗万象。
19.	精打细算	jīng dǎ xì suàn		打：规划。精密地计划，详细地计算。指（在使用人力物力时）计算得很精细。 精打细算的人/精打细算地过日子
20.	实惠	shíhuì	形	有实际好处的。 价格很实惠/得到实惠
21.	租赁	zūlìn	动	租用；出租。 租赁汽车/租赁行业
22.	晾晒	liàngshài	动	把物品摊开让日光晒，或放在通风、阴凉处使干燥。 晾晒衣物/晾晒东西
23.	融化	rónghuà	动	固体（如冰、雪等）受热变软或化为流体的过程。 冰雪融化
24.	节能	jiénéng	动	节约能源。 节能型产品/节能灯
25.	贡献	gòngxiàn	动	把物资、力量、经验等献给国家或公众。 贡献力量/贡献自己的一切
26.	取代	qǔdài	动	排除别人或别的事物而占有其位置。 取代对方/取代旧的生产方式
27.	觉悟	juéwù	名	对事物及其产生和发展规律的认识和理解程度；也指一定的政治意识。 觉悟高/思想觉悟

28.	汗颜	hànyán	动 令人汗颜	因羞愧而脸上发汗，泛指惭愧。
29.	惭愧	cánkuì	形 内心惭愧/很惭愧	因为自己有缺点、错误或未能尽责等而感到不安或羞耻。
30.	开销	kāixiāo	名 一大笔开销/开销很大	支付的费用。
31.	酿酒	niàng jiǔ	用高粱酿酒	利用谷物等发酵做酒。

注释 Notes

1 个别美女还因此有了“月光女神”、“月光美眉”这样好听的代号。

月光女神、月光美眉：“美眉”是口语中漂亮女孩儿的代名词。“月光女神”、“月光美眉”都指月光族中的漂亮女孩儿。

2 她正筹划着开自己的出租网站，让更多的闲置物品发挥余热。

发挥余热：口语中常用来比喻老人退休后继续为社会作贡献。此处指继续使用闲置物品，使之变得有价值。

3 尽管阿美是个准金领，有房、有车、有金龟老公，可是她却过起了“低碳生活”。

金龟：口语中用来形容男人，比喻其身份地位高或有财富。常说“金龟婿”。

4 你一个人的力量对于整个地球简直是微乎其微，何必呢？

微乎其微：“微”意思是小。“微乎其微”意思是非常小或非常少。例如：

① 这次考得太不理想，看来上重点大学的机会是微乎其微了。

② 跟他的不幸比起来，我所经历的不过是些微乎其微的小事罢了。

5 **13亿人中只要有十分之一的人用它们来取代传统产品，那节约的能源、减少的碳排量都将会是天文数字！**

天文数字：表示极大的数。因为天文学上所用的数字都很大，所以常用天文数字来表示极大的数，同时还有夸大、难以实现的含义在内。

6 **既减轻了自身的压力，也减轻了地球的压力，何乐而不为呢？**

何乐而不为：有什么不乐于去做的呢？表示愿意去做。用反问语气表示强调。例如：

① 这件事对国家、对个人都有益处，何乐而不为呢？

② 这样做大家都高兴，你何乐而不为呢？

交际任务 Tasks

一 以不同身份对“月光族”发表看法

	身份	态度
1	经济学家	肯定
2	记者	新发现
3	父母	忧虑
4	社会学家	质疑

参考词语：两手空空　所剩无几　理念　精光　崇尚名牌
格调　个性　指望　消费先锋　拉动内需
开销　精打细算　实惠

二 编写小品并表演

小品名称：当“月光族”遇上“低碳族”

要　　求：参考课文内容自己编写故事，两三人一组表演

角　　色：月光美眉、低碳先锋、其他人物

三 采访：年轻人的消费观

参考问题：1. 你知道“月光族”是什么意思吗？

2. 工作后，你会如何安排你的工资？

3. 你崇尚品牌吗？你会为了追求格调和个性而花大笔的钱吗？

4. 有人说：“花钱就要花得开心，只有花出去的才是钱。”你怎么看？

5. 你会尝试“租生活”吗？为什么？

6. 你的生活是低碳的吗？

练习 Exercises

课文理解

一 简要复述课文大意

二 朗读下列句子，注意语气、语调

1. 每到月底，我就两手空空，望眼欲穿地盼望着下个月的工资。
2. 非名牌不穿，非精品烟不抽，一双袜子就要好几百元。
3. 别指望在他们的银行户头上看见存款，他们是零储蓄族。
4. 只有想不到的，没有租不到的。
5. 你一个人的力量对于整个地球简直是微乎其微，何必呢？
6. 想不到阿美的觉悟高到如此程度，真让我汗颜。
7. 如果每个人从现在做起、从我做起，不就好了吗？
8. 既减轻了自身的压力，也减轻了地球的压力，何乐而不为呢？

三 根据课文内容填表

	消费理念	特征	爱好
月光族			
“租生活”一族			
低碳族			

词语练习

一 根据给出的解释，从课文中找到相应的词语或说法

1. 剩下的没有多少了——
2. 形容内容丰富，应有尽有——
3. （在使用人力物力时）计算得很精细——
4. 眼睛都要望穿了，形容非常盼望——
5. 非常小或非常少——
6. 阅历丰富，资格老——
7. 一无所有，一点儿不剩——
8. 夸张地表示极大的数——

二 词语归类

1. 找出课文中表示某一类人的说法，如：月光族、准金领。

2. 找出课文中表示具体生活方式的说法，如：崇尚品牌、节能减排。

三 选词填空

崇尚　望眼欲穿　包罗万象　实惠

所剩无几　发挥余热　微乎其微　精打细算

1. 在这场比赛中，客队胜利的机会简直是（　　　　　）。
2. 越来越多的年轻人开始（　　　　　）一种简约环保的生活方式。
3. 他（　　　　　）地等着父母来看望他。
4. 这本书的内容（　　　　　），历史、文化、天文、地理，无所不有。
5. 为了节约开支，她不得不（　　　　　）。
6. 现在租房真贵啊，一个月的工资除了房租、吃饭，就（　　　　　）了。
7. 虽说打折的商品有点儿过时，但毕竟价格低廉，还是挺（　　　　　）的。
8. 你把家里这些旧衣物整理一下捐出去吧，也好让它们（　　　　　）。

四 用指定词语完成对话

1. A：这个月的汇款什么时候才到啊？
   B：又没钱了？
   A：____。
   （所剩无几　　精光）

2. A：没想到你还挺时尚的，衣服好像都是名牌的。
   B：____。
   （非……不……　　格调）

3. A：你已经决定先不结婚了吗？
   B：____。
   （精打细算　　筹划）

4. A：我真没想到他在关键时刻不帮我！
   B：____。
   （指望　　微乎其微）

5. A：您这么大岁数了，就别来了，有我们就行了。
   B：____。
   （发挥余热　　贡献）

成段表达

一 模仿例子，完成句子

1. 与北京市民的平均工资相比，她的工资算多的了。
   与……相比，我们的生活水平已经很高了。

2. 他们崇尚品牌，追求格调和个性，以消费为快乐。正因如此，月光族的特征极好辨认。
   每个人都有权选择自己的生活方式，正因如此，……。

3. 这种人似乎不应该算“穷人”吧，但这些消费却耗掉了月光族们几乎所有的收入。
   你似乎不应该发愁吧，但……。

4. 想不到阿美的觉悟高到如此程度，真让我汗颜。

想不到……，真让我汗颜。

5. 既减轻了自身的压力，也减轻了地球的压力，何乐而不为呢？

……，何乐而不为呢？

二 模仿例句，说一段话

1. “租生活”能提高物品的使用率，不再为“留之无用，弃之可惜”头疼。

（1）运动能给我们带来健康，不再……。

（2）旅行能……，不再……。

（3）……能……，不再……。

2. 从传统的租汽车、租房子到租服装、租电脑，甚至租宠物和人，包罗万象，无所不有。

（1）从中国的京剧到中国的书法，甚至……，他都喜欢。

（2）从吃的到穿的，甚至……，你都……。

（3）从……到……，甚至……，……。

3. 他多喝水、少喝酒，因为酿酒的过程要消耗能源，会排放大量碳。

（1）我们应该多运动、少吃肉，因为……。

（2）我们必须多看书、少……，因为……。

（3）我们应该多……、少……，因为……。

4. 不要说“不差钱”，如果你觉得“不差钱”，那你差的就是一种社会责任感。

（1）不要说你不怕长胖，如果你真的长胖了，那你就……。

（2）不要说钱不重要，如果……，那你就……。

（3）不要说……，如果……，那……。

自由表达

一 就课文中的以下说法，发表意见

1. 花钱就要花得开心，只有花出去的才是钱。
2. “低碳生活”应成为社会全民的追求和准则。

二 自由讨论

1. 你知道哪些“族”？你觉得自己是哪一“族”？
2. 在你们国家流行什么样的“另类生活”？
3. 什么是“时尚生活”？
4. 你推测什么样的生活将成为“时尚潮流”？
5. 时尚的年轻人与老人的消费观有什么不一样？

相关阅读

“月光族”将引领消费新潮流

中国的“月光族”正逐渐增多。“光”在汉语中的一个意思是“没有”，“月光族”就是指那些把当月工资花得一分不剩的年轻消费群体。

28岁的沈小姐就是“月光族”的典型代表。沈小姐在外企工作，月薪8000元。相对于普通大学生刚毕业时的两三千元月薪来说，8000元已不是一个小数目。但是由于沈小姐习惯了花钱大手大脚，所以没等下个月发工资就两手空空了。她上下班一定要打的，每星期要约朋友一起吃饭，周末喜欢去南京路等豪华商业街购买名牌产品。月薪用完了，沈小姐还经常向父母要钱。

中国实施“独生子女”政策后，独生子女在父母的百般呵护下长大。现在，这些“小皇帝”都超过了25岁，开始独立挣钱，成长为新的消费阶层。他们中许多人都是“月光族”，花钱如流水。据估算，这一代大约有9000万人，其中居住在城市里的便有3000万。

当然，他们中并不是所有的人都是“月光族”，重要的是他们引导着中国新的消费文化。“月光族”衣食无忧地度过了童年，注重消费质量是他们的特征。他们非常注重个性，讲究品牌，在中国，名牌之所以热销就在于此。

在西欧，四五十岁的一代人是消费主力，而在中国，则是25岁到40岁的一代人引领着消费潮流。因此很多外国企业已开始认真研究中国“月光族”的消费形态。

选自韩国《经济新闻》

说一说：1. 沈小姐有什么样的生活习惯？
2. “月光族”只是中国的特殊现象吗？

房 奴

“房奴”一词据说来自宝岛台湾，主要传播平台为平面媒体，但其传播速度极快，波及面极广。另外一个说法是，本词系据“卡奴”一词套用而来。顾名思义，“房奴”特指那些因购房按揭而成为还贷之奴的人们。既然为“奴”，便一定声泪俱下，苦大仇深。简单说，“房奴”们名下的豪宅并未提升业主们的生活品质或生活质量，而是相反。在我们当下的语境里，“房奴”一词与“伪中产”一词基本可以相互置换。为此，我们通常看到的生活场景是这样的：男主人、女主人日夜奔波在外，辛勤劳作、日理万机，而在他们家那幢联排别墅二楼露台上，小保姆耳塞MP3，听着《我不想长大》，喝着明前茶，幻想人生。

“房奴”也好，“卡奴”也罢，这类语词所形成的造词法有着远大的扩容空间。它们一听就懂，还能使我们迅速联想到“情奴”、“钱奴”、“车奴”、“官奴”等诸多卑贱可怜的人儿。甚至我们可以顺势给那些如今被“玉米”、“凉粉”等奇异身份搞得晕头转向的粉丝们泼点儿凉水，起个外号——我决定，就让我们偷偷管他们叫“星奴”吧。

当然，其实更有趣也更堪玩味的，是与“房奴”、“卡奴”等语词相关的一个庞大的“奴语系”——你是房奴，他是房奴，你们是房奴，他们也是房奴，我就奇了怪了，那谁是奴隶主啊？而如果咱们大家一起顺藤摸瓜找到了奴隶主，我就会想：是什么原因、什么动力让万千房奴冒死卖身有怨无悔、有恨无爱呢？这么一想，就感觉事情非常复杂了，复杂到我这种寡智之人无力承担，无力思索……

选自《北京青年报》

说一说：1. “房奴”是什么样的人？他们的生活状态怎么样？
2. 除了“房奴”，文章中还提到了哪些“奴”？
3. 说说你还知道哪些“奴”。

9 谈读书

课文 Text

话题背景

周先生是位有名的学者，也是很受欢迎的作家，以博览群书著称。李先生是一本读书类刊物的主编，对书籍市场以及民众阅读状况颇有研究。近日，记者就读书的话题采访了他们。以下是对周先生和李主编的访谈记录。

读书的癖好

记　者：周先生，您在大家眼里是位饱学之士，能给我们谈谈您读书的体会吗？

周先生：人的癖好五花八门，读书是其中之一。人一旦有了一种癖好，看世界会有一种特别的眼光，甚至会有一个属于他自己的特别的世界。不过，和别的癖好相比，读书的癖好能够使人获得一种更为开阔的眼光，一个更加丰富多彩的世界。我们也许可以根据这一点，把人分为有读书癖的和没有读书癖的，这两种人生活在很不相同的世界里。

记　者：那您一定属于前一种人了。

周先生：比起嗜书如命的人来，我只能勉强算一个吧。根据我的经验，一个人有没有读书的癖好，从小就可以看出端倪。因为那是一个求知欲非常旺盛的年龄，随便什么读物，只要有点儿意思，就能激发起对书的强烈的好奇心。

李主编：我跟周先生有同感。我记得上小学的时候读到一本儿童读物，讲一个淘气孩子的种种恶作剧，逗得我不停地捧腹大笑。从那以后，我对书就不再是视而不见，而是刮目相看了。

周先生：开始喜欢读书以后，看得懂看不懂的书都会使我眼馋心痒，都能读得津津有味。我相信不管哪本书，其中都一定藏着一些有趣的事情，等着我去见识。

记　者：现在您二位的读书兴趣还那么广泛吗？

周先生：随着年龄的增长，所感兴趣的书的种类当然发生了很大的变化。但对书的兴趣始终不衰。现在我觉得，一个人读什么书诚然不是一件次要的事情，但前提还是要有读书的爱好，而只要真正爱读书，就迟早会找到自己的书中知己的。

李主编：读书之乐是别的事情无法代替的。一本好书可以让你废寝忘食。

回答问题

1. 周先生认为读书的癖好能带给人什么变化？
2. 周先生自认为他算一个有读书癖的人吗？
3. 李主编是什么时候开始发现读书的乐趣的？
4. 李主编认为读一本好书可以让人怎么样？

有用之书与无用之书

记　者：照这么说，爱读书的人都很刻苦吧？

周先生：我觉得，读书的癖好与一般所谓的刻苦学习是两回事，它讲究的是趣味。所以，一个认真做功课和背教科书的学生，一个埋头从事专业研究的学者，都称不上是有读书癖的人。有读书癖的人，读书肯定不限于功课和专业，甚至可以说，他更爱读的是课外和专业之外的书籍，也就是所谓的闲书。当然，这并不妨碍他对自己的专业发生浓厚的兴趣，做出伟大的成就。

李主编：英国哲学家罗素就是一个在自己的专业上做出了伟大成就的人，但正是他最热烈地提倡青年人多读“无用的书”。

记　者：这恐怕会让很多人搞不懂——既然“无用”，为什么还要读呢？

周先生：读“有用的书”可以获得立足于社会的职业技能，但是读“无用的书”，也并非真的无用，那恰恰是一个人精神成长的领域。从小学到大学到研究生，我从来不是一个很用功的学生，上课偷读课外书乃至逃课是常事。我相信许多人再回首往事时会和我有同感：一个人的成长基本上得益于自己读书，相比之下，课堂上的收获显得微不足道。

记　者：但逃课总是不好的吧？

周先生：我并不想号召现在的学生也逃课，但中国的教育现状确实令人担忧。中小学本来是培养对读书的爱好的关键时期，而现在的中小学教育却以升学率为唯一追求，学生们在超负荷的功课压力之下，课外阅读的时间被剥夺了，这不知扼杀了多少孩子现在和将来对读书的爱好。

李主编： 中国古人说：开卷有益。在读书的问题上，现在的人过于急功近利了。

记　者： 那么，一个人怎样才算是养成了读书的癖好呢？

周先生： 我觉得倒不在于读书破万卷，一头扎进书堆里，成为一个书呆子。重要的是一种感觉，即读书已经成为生活的基本需要，不读书就会感到欠缺和不安。宋朝诗人黄山谷有一句名言：三日不读书，便觉语言无味，面目可憎。

李主编： 林语堂先生解释这句话的意思是：你三天不读书，别人就会觉得你说话没有意思，样子也很难看、让人讨厌。

周先生： 这当然也说得通。一个不读书的人往往很乏味，不招人喜欢。不过，我觉得这句话主要还是说自己的感觉：你三日不读书，你就会自惭形秽，羞于对人说话，觉得没脸见人。如果你有这样的感觉，你必定就是个有读书癖的人了。

回答问题

1. 爱读书与刻苦学习是一回事吗？
2“有用的书”和“无用的书”区别在哪里？
3. 周先生从小到大是个什么样的学生？他怎么看自己读书和听课对他成长的影响？
4. 鼓励人多读书，中国古人有什么说法？

阅读率下降引发的思考

记　者：我还有个问题想请教李主编。有人开玩笑说，现在写书的人比读书的人多。您怎么看？

李主编：这个玩笑有一定的现实基础。有一个关于国民阅读情况的调查显示，现在差不多有一半的国民不怎么读书，保持读书习惯的只有5%左右。

记　者：我记得国家图书馆的一位副馆长说过，现在读者的生活节奏越来越快，这是阅读率下降的原因之一。

李主编：这个结论和调查数据不谋而合。在基本不读书的人群中，将原因归结为"没有时间"的占50.6%，超过了一半。

周先生：我倒认为生活节奏紧张或许并不能直接导致不读书。恐怕节奏加快引发的浮躁和李先生刚才说的急功近利，这才是读书的大敌。

记　者：阅读率下降是否跟如今媒体的多元化也有关系呢？

李主编：这是很重要的一个原因。现在，声、光、电以及互联网分割了传统的纸质媒体市场，这些新兴媒体的信息传播方式更为快捷便利，对人们的学习方式、生活方式的影响越来越大。

周先生：被称为"80后"、"90后"的一代人，是看着电视节目长大的。他们获取信息更习惯于看电视和上网。

记　者：不过，有读者说，阅读率下降，板子不能都打在读书人身上。落到这步田地，是因为无书可读。

李主编：这个说法失之偏颇。眼下图书质量是有问题，但不可能都是泡沫，近年来还是出了不少好书。

周先生：虽说不能一竿子打翻一船人，但市场上确实有不少口水书、垃圾书。那些大行其道的热门书，多半是教人如何赚钱的。有些书名字很吸引眼球，装帧也很漂亮，可内容苍白空虚。还有，出书的跟风现象严重，这也让人很倒胃口。

李主编：阅读状况调查的结果和读者的反映，为出版业敲响了警钟，也应该引起全社会对读书问题的思考。

记　者：谢谢两位先生！

回答问题

1. 关于阅读率下降的现象，有什么开玩笑的说法？
2. 哪些原因造成了阅读率下降？
3. 阅读率下降应该由谁来负责？
4. 周先生怎么评价现在的图书市场？

词语表 Vocabulary

1. 博览群书　bólǎn qún shū　　广泛地阅读很多书。
   他从小就博览群书，很有学问。

2. 癖好　pǐhào　名　对某事物的特别爱好。
   奇怪的癖好/满足癖好

3.	饱学之士	bǎo xué zhī shì		指学识渊博的人。 李教授是位饱学之士。
4.	端倪	duānní	名	事情的头绪。 显露端倪/看出端倪
5.	逗	dòu	动	让人高兴、喜欢。 逗乐/逗嘴
6.	捧腹	pěngfù	动	捧着肚子，形容大笑的样子，也借指大笑。 捧腹大笑/令人捧腹
7.	视而不见	shì ér bú jiàn		看着像没看见一样，指不重视或不注意。 对这个问题不能视而不见。
8.	眼馋	yǎnchán	形	看见自己喜爱的事物极想得到。 看得眼馋
9.	津津有味	jīnjīn yǒu wèi		形容趣味很浓的样子。 这个节目孩子们看得津津有味。
10.	衰	shuāi	动	力量减少、削弱。与“盛”相对。 衰败/衰竭
11.	废寝忘食	fèi qǐn wàng shí		顾不上睡觉，忘记了吃饭。形容专心致志。 为了完成任务，我已经是废寝忘食了。
12.	微不足道	wēi bù zú dào		事情小得不值一提。 这点儿钱对他来说微不足道。
13.	负荷	fùhè	名	指承担的压力和痛苦。 超负荷/满负荷
14.	开卷有益	kāijuàn yǒuyì		读书总有好处。 多读书没错，开卷有益。

15.	急功近利	jí gōng jìn lì		急于求成，贪图眼前的成效和利益。 从事科学研究不能太急功近利。
16.	可憎	kězēng	形	令人厌恶憎恨。 面目可憎/行为可憎
17.	乏味	fáwèi	形	缺乏情趣兴味。 内容乏味/乏味的故事
18.	自惭形秽	zì cán xíng huì		因（自己的相貌、举止等）不如别人而感到惭愧。 他那种无私的精神让我们感到自惭形秽。
19.	不谋而合	bù móu ér hé		事先没有商量过，意见或行动却完全一致。 我们俩的想法不谋而合。
20.	装帧	zhuāngzhēn	名	书刊的装潢设计。 漂亮的装帧/装帧考究

专有名词 Proper Nouns

1.	罗　素	Luó Sù	Bertrand Arthur William Russell（1872~1970），英国哲学家、数学家、逻辑学家。创立分析哲学，1950年因《西方哲学史》获诺贝尔文学奖。
2.	黄山谷	Huáng Shāngǔ	即黄庭坚（1045~1105），字鲁直，号山谷道人，北宋诗人、书法家、文学家。
3.	林语堂	Lín Yǔtáng	1895~1976，中国现当代著名学者、作家、语言学家。

注释 Notes

1 比起嗜书如命的人来，我只能勉强算一个吧。

嗜……如命：爱好某种东西达到非常强烈的地步，把它看得和生命一样重要。例如：

① 这个人嗜酒如命，常常因为喝酒耽误事。

② 几年不见，他怎么变成嗜赌如命的人了？

2 这当然也说得通。

说得通 / 说不通：能这样解释 / 不能这样解释。例如：

① 因为找不到工作就游手好闲？这恐怕说不通。

② 虽然字典上没有这个解释，但好像也说得通。

3 板子不能都打在读书人身上。

板子打在……身上：认定责任由谁承担、由谁接受惩罚。例如：

① 造成事故的原因是多方面的，不能把板子都打在我一个人身上。

② 处理的结果是板子打在学生身上，但不等于说你这个老师就没有责任了。

4 落到这步田地，是因为无书可读。

落到这步田地：指落入某种不好的境遇。例如：

① 你说那个百万富翁成了乞丐？他怎么会落到这步田地？

② 让我去当考试的"枪手"？我还没落到这步田地吧。

5 虽说不能一竿子打翻一船人，但市场上确实有不少口水书、垃圾书。

一竿子打翻一船人：指因个别、局部的问题而否定整体的做法。例如：

① 一个学生作弊，你就说我们班的班风不好，这不是一竿子打翻一船人嘛！

② 对人对事都要作具体分析，不应该一竿子打翻一船人。

6 出书的跟风现象严重，这也让人很倒胃口。

跟风：口语，指追随流行的趋势、风气，没有自己的创意。例如：

这位明星穿了一款短西装出镜，他的一大堆粉丝立刻跟风。

7 **出书的跟风现象严重，这也让人很倒胃口。**

倒胃口： 指伤害了对某事或某种活动的兴趣。倒，读dǎo。例如：

① 这本书我建议你不要看，倒胃口。

② 这个大导演，怎么会拍出这么倒人胃口的电影啊？

8 **阅读状况调查的结果和读者的反映，为出版业敲响了警钟。**

敲警钟： 比喻提醒人注意危险的存在。例如：

① 沙尘暴连连发生，向人类敲响了环境问题的警钟。

② 他再这样下去是很危险的，该给他敲敲警钟了。

交际任务 Tasks

一 分组调查：去书店调查一下最近的畅销书

调查内容：书名、作者、主要内容、畅销原因、有关评论等

二 请你的中国朋友给你推荐一本他认为值得读的书，并请他说明值得读的理由

三 向全班同学介绍一本你最喜欢的书

如果这本书是用你的母语写的，可以简单介绍主要内容，或把你最喜欢的段落翻译给同学们听。

四 你有多久没有读课本以外的书了？说说为什么。

练习 Exercises

课文理解

一 简要复述课文大意

二 朗读下列句子，注意语气、语调

1. 周先生，您在大家眼里是位饱学之士，能给我们谈谈您读书的体会吗？
2. 比起嗜书如命的人来，我只能勉强算一个吧。
3. 我记得上小学的时候读到一本儿童读物，讲一个淘气孩子的种种恶作剧，逗得我不停地捧腹大笑。
4. 这恐怕会让很多人搞不懂——既然“无用”，为什么还要读呢？
5. 有人开玩笑说，现在写书的人比读书的人多。您怎么看？
6. 有读者说，阅读率下降，板子不能都打在读书人身上。落到这步田地，是因为无书可读。
7. 虽说不能一竿子打翻一船人，但市场上确实有不少口水书、垃圾书。

三 你认为现在的阅读率下降了吗？说说你对这个问题的观察。

词语练习

一 根据给出的解释，从课文中找到相应的词语或说法

1. 提醒人注意危险的存在——
2. 广泛地阅读很多书——
3. 看着却像没看见一样，指不重视或不注意——
4. 事先没有商量过，意见或行动却完全一致——
5. 指伤害了对某事或某种活动的兴趣——
6. 事情小得不值一提——
7. 因（自己的相貌、举止等）不如别人而感到惭愧——
8. 急于求成、贪图眼前的成效和利益——
9. 因为个别、局部的问题而否定整体的做法——
10. 爱好某种东西达到非常强烈的地步，把它看得和生命一样重要——

二 词语归类

说说你所知道的与读书有关的说法，如：嗜书如命、书呆子。

三 选词填空

嗜书如命　　博览群书　　饱学之士　　刮目相看　　废寝忘食
不谋而合　　津津有味　　自惭形秽　　开卷有益　　微不足道

1. 这个孩子从小就（　　　　），不管拿到什么书，都能读得（　　　　）。
2. 在这个问题上，咱俩的观点（　　　　），都认为根本原因在于他个人不努力。
3. 古人说（　　　　），意思是只要打开书去读，就会有收获。
4. 我最大的愿望就是（　　　　），成为一个（　　　　）。
5. 我给你的帮助（　　　　），你不必这么客气。
6. 这个平时很少说话的同学，居然发表了这么精彩的演讲，令大家（　　　　）。
7. 能够让人（　　　　）地干的工作，一定是非常有意思的。
8. 跟你相比，我一事无成，真是（　　　　）。

四 用指定词语完成对话

1. A：你喜欢读书吗？
   B：____________________________________。
   （嗜书如命　　书呆子）

2. A：你平时通过什么了解时事新闻？
   B：____________________________________。
   （互联网　　纸质媒体）

3. A：现在的出版物太多了，真不知道该看什么好。
   B：____________________________________。
   （泡沫　　垃圾书　　倒胃口）

4. A：我想这周末去逛书店，你去吗？
   B：____________________________________。
   （不谋而合　　眼馋）

成段表达

一 模仿例子，完成句子

1. 人的癖好五花八门，读书是其中之一。

   ……，我是其中之一。

2. 照这么说，爱读书的人都很刻苦吧？

   照这么说，……。

3. 中国古人说：开卷有益。在读书的问题上，现在的人过于急功近利了。

   中国古人说：……。

4. 落到这步田地，是因为无书可读。

   落到这步田地，……。

二 模仿例句，说一段话

1. 和别的癖好相比，读书的癖好能够使人获得一种更为开阔的眼光。

   （1）和别的年级相比，我们年级……。

   （2）和聚餐相比，独自用餐……。

   （3）和……相比，……。

2. 比起嗜书如命的人来，我只能勉强算一个有一点儿读书癖的人。

   （1）比起电脑专家来，我只能……。

   （2）比起真正的旅行家来，……只能……。

   （3）比起……来，……只能……。

3. 一个人的成长基本上得益于自己读书，相比之下，课堂上的收获显得微不足道。

   （1）上网看新闻方便快捷，相比之下，……。

   （2）他家里有几万册藏书，相比之下，……。

   （3）……，相比之下，……。

4. 我记得国家图书馆的一位副馆长说过，现在读者生活节奏越来越快，这是阅读率下降的原因之一。

（1）我记得一位哲学家说过，生气是用别人的错误惩罚自己，这是……。

（2）我记得我的小学老师说过，……，这是……。

（3）我记得……说过，……，这是……。

自由表达

一 演讲：这本书影响了我的人生

二 讨论：应该多读“有用之书”还是“无用之书”？

1. 怎样确定一本书是“有用的”还是“无用的”？
2. 现代社会获得信息的方式很多，不一定非要读书。
3. 读书的享受是别的阅读方式代替不了的。
4. 读书是一种生活方式。

相关阅读

读书的定义

什么叫“读书”？动词还是名词？广义还是狭义？是“万般皆下品，唯有读书高”的读书，还是“学得好不如长得好，长得好不如嫁得好”的读书？看来，谈论“读书”，还真得先下个定义。

（一）“读书”是人生当中的某一个阶段。朋友见面打招呼：“你还在读书？”那意思是说，你还在学校里经受那没完没了的听课、复习、考试等的煎熬。可如果终身教育的思路流行，那就可以坦然回答：活到老学到老，这么大年纪，还背着那书包上学堂，一点儿也不奇怪。

（二）“读书”是社会上的某一职业。什么叫以读书为职业？就是说，不擅长使枪弄棒，也不是“商人重利轻别离，前月浮梁买茶去”。过去称读书郎、书生，现在则是教授、作家、研究员，还有许多以阅读、写作、思考、表达为生的人。

（三）“读书”是生活中的某一时刻。“都什么时候了，还手不释卷？”春节放假，你还沉湎书海，不外出游览，也不到歌厅舞厅逛逛。

（四）“读书”是精神上的某一状态。在漫长的中外历史上，有许多文化人固执地认为，读不读书，不仅关涉动作，还影响精神。在商务印书馆出版的加拿大学者古埃尔所撰

《阅读史》中，开篇引了法国作家福楼拜1857年的一句话："阅读是为了活着。"这么说，不曾阅读或已经告别阅读的人，不就成了行尸走肉？这也太可怕了。还是中国人温和些，说你不读书，最多也只是讥笑你俗气、懒惰、不上进。宋人黄庭坚《与子飞子均子予书》称："人胸中久不用古今浇灌之，则俗尘生其间，照镜觉面目可憎，对人亦语言无味也。"问题是，很多人自我感觉很好，照镜从不觉得面目可憎，这可就麻烦大了。

这四个定义都有道理，得看语境，也看趣味。前一阵子观赏北方昆曲剧院演的《烂柯山》，朱买臣最后得以扬眉吐气，甚至马前泼水，羞辱那没有长远眼光、耐不住寂寞，非逼他写休书不可的崔氏，靠的是中国古代社会读书可以做官这一精英选拔机制。可这一套，现在不灵了。不是"学而优则仕"，而是"仕而优则学"——这后一个"学"，当然是装模作样的了，"官大学问大"嘛。中国特有的学历高消费，让人哭笑不得。如果有一天，连学校里看大门的，也都有了博士学位，那绝不是中国人的骄傲。眼看着很多年轻人盲目"考博"，我心里凉了半截。我当然晓得，都是找工作给逼的。这你就很容易明白，很多皓首穷经的博士生，一踏出校门，就再也不亲近书本了，还美其名曰："实践出真知。"

想到这些，我才格外欣赏那些不为文凭，凭自家兴趣读书的人。在北大教书，自然是看好自己的学生；可是对那些来路不明的"旁听生"，我也不敢轻视，总是睁一只眼闭一只眼，只要不影响正常的教学秩序，教室里有位子，你尽管坐下来听。这种不太符合校规的通融，其实更适合孔夫子"有教无类"的设想。

拿学位必须读书，但读书不等于拿学位。这其中的距离，何止十万八千里。1917年，蔡元培到北大当校长，开学演讲时，专门谈过这个问题，希望学生们以学问为重，不要将大学看成文凭贩卖所。第二年开学，再次强调："大学为纯粹研究学问之机关，不可视为养成资格之所，亦不可视为贩卖知识之所。"日后回想北大十年，蔡先生很得意，以为他改变了中国人对于大学的想象。现在看来，蔡先生还是过于乐观。成为"贩卖知识之所"的大学，以及视大学为"养成资格之所"的学生，在当今中国，比比皆是。

大致感觉是，今日中国，"博士"吃香，但"读书人"落寞。所谓手不释卷，变得很不合时宜了。至于你说读书能"脱俗"，人家不稀罕；不只不忌讳"俗气"，还以俗为雅，甚至"我是流氓我怕谁"。

选自陈平原《作为一种生活方式的"读书"》

说一说： 1. "读书"应该是一件大家都熟悉的事，作者为什么还要给它下定义？

2. 读书到底是为了什么？

10 我的健康我做主

课文 Text

话题背景

“健康是金子”，这句1953年世界卫生组织提出的口号，在半个世纪之后再次成为全世界瞩目的热点。当你面对一份好的工作、金钱、车子、房子和健康的身体时，你会选择什么呢？

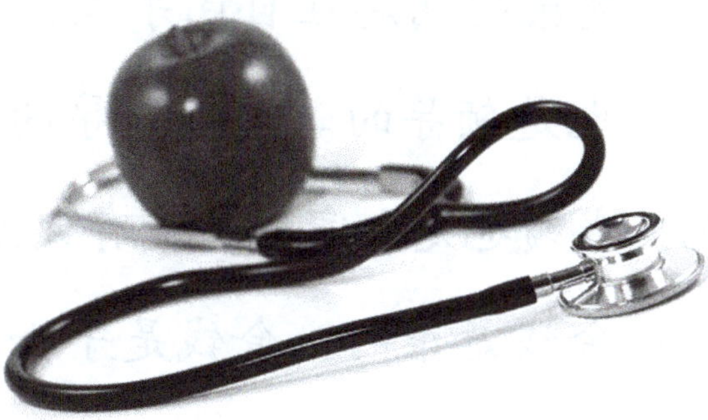

健康是自己的

你知道在中国第一代富人喜欢比什么吗？比肚子，互相比。那个时候穷，谁肚子大，谁就算是有钱人，所以说，第一代富人比肚子。第二代富人比房子、车子。第二代，早就吃饱了，还比什么肚子呀，就比你住什么豪宅，我有什么名车。第三代富人比什么呢？比健康。什么最时尚？是健康。

虽然我们不能选择基因，但却能够选择健康。据世界卫生组织报告，健康有四大决定因素：一是内因，即父母的遗传因素，占15%。二是外界环境因素，其中社会环境占10%，自然环境占7%，共占17%，即内因外因共占32%。第三是医疗条件占8%。第四是个人生活方式的影响，占60%。因此，可以说一个人的健康其实更多地取决于自己。

回答问题

1. 作者说，在中国，富人们都比过些什么？
2. 决定健康的因素有哪些？

健康的钥匙在自己手里，一个人本事再大，地位再高，荣誉再多，也是领导的。没有领导的爱护、关心和栽培，怎么有你的现在呢？成绩也是大家的，没有大家的齐心协力，怎么能够得到这些成绩呢？金钱是谁的？金钱是子女的，金山银山，你死了一分钱都带不走，你空空手来也还得空空手走。老婆是谁的？老婆是人家的，你死了，老婆跟着人家走了。荣誉是领导的，成绩是大家的，金钱是子女的，只剩下身体是自己的了，只有健康是自己的。

回答问题

1. 作者认为荣誉、成绩、金钱属于谁的？为什么？
2. 作者认为老婆和孩子属于自己吗？为什么？

心态决定健康

“爱妻爱子爱家庭，不爱健康等于零”、“身体是革命的本钱”、“没有健康就没有小康，没有健康就没有一切”。健康越来越受到人们的关注，它已成为人们最关心的热点话题之一。

对健康，有的人一叶知秋，未雨绸缪，关爱自己；有的人麻木不仁，任生命自生自灭。第一种人是聪明人，他们主动健康，投资健康，因而健康增值，长命百岁。第二种人漠视健康，无动于衷，结果健康贬值，英年早逝。生活中大多数的普通人都是这样。而还有一种糊涂人，他们烟酒无度，饮鸩止渴，残害自己。不同的心态，不同的结局。生命自有生命的规律，健康面前人人平等。你不爱生命，生命不爱你，再简单不过了。种瓜得瓜，种豆得豆。一分耕耘，一分收获。

现在社会上流行着这样一句话："40岁以前用命换钱，40岁以后用钱买命。"年轻的时候以为自己身体棒，能吃能玩儿能睡，累了睡一觉，身体不舒服，挺一挺就过去了。每天烟不离手，喝啤酒论箱、白酒论斤，KTV一唱就是半宿，打麻将一坐就是一天等等。不良的生活习惯，就像一条大船上的小虫子一样，一点儿一点儿就把大船掏空了，等到有一天出海扬帆的时候，发现它已经无法拯救，只能眼睁睁地看着沉入海底。

回答问题

1. 关于重视健康的俗语有哪些？
2. 人们对健康的态度有哪几种？
3. 什么样的人能长命百岁？

还有一些年轻人，求富心切，急功近利，脑子里除了"赚钱"别无他物。每天早出晚归，周末、节假日也加班，一心想着住大房子、开进口好车，在人前光鲜体面，恨不得把自己变成摇钱树。银行存折上的零越来越多了，身体也差不多千疮百孔了。等最终因劳累过度而倒下时，一切都为时已晚。事业固然很重要，应当尽力而为，但只是拼脑拼劲不拼命。金钱亦重要，也应努力争取，但也只应出力出汗不出血。健康是最重要的，是重中之重，应当倍加珍惜。有健康才有未来和希望，失去健康就失去了一切。我们可以透支金钱，但不可透支健康。因为“天生我材必有用，千金散尽还复来”，而生命是一条单行线，没有回头路，一江春水向东流，永不复回。

回答问题

1. 一些年轻人的不良生活状态是什么样的？
2. 求富心切的年轻人心里想些什么？
3. 作者认为事业和健康的关系是怎样的？

学会“慢生活”

快节奏是现代生活的需要，它使人心灵振奋、精力充沛、思维敏捷、办事利索。但一味地快，将生活的“弦”绷得过紧，就难免损害健康，于是就出现“亚健康”和“过劳死”。快节奏的城市生活扭曲了生命和环境。在人们的心底，对脚步不再匆忙、生活舒缓安逸的渴望已如山花般灿烂。于是人们开始尝试“慢生活”，慢慢运动、慢慢吃、慢慢读、慢慢思考……

慢，不是一种简单的减速，而是一种平和、从容、淡泊的心态，是对生活的一种成熟的态度。在快的节奏中，如果能够保持心不急不乱，心不杂不贪，生活自然会变得有条不紊、轻松愉快。

心理学家表示，不少都市人在高效率的工作节奏中感到精神疲惫，没有满足感，主要是因为他们“吝啬”拿出时间来进行心理上的自我整理。其实，适时地“刹车”是为了走得更远。经常有计划地拿出时间来做运动，给自己慢慢做一顿好饭，看喜欢的书，给花浇水，甚至只是坐着发呆，都是一种自我调节，人们可以在这些平凡的细节中感受到生活的幸福。人要善于有张有弛，有快有慢，这样才能活得更健康。

回答问题

1. 快节奏的生活带来了什么？
2. 作者认为如何能让自己放松心情，感受生活的幸福？

选自洪昭光《四十岁登上健康快车》

词语表 Vocabulary

1.	瞩目	zhǔmù	动	注视，注目。 世界瞩目/万众瞩目
2.	荣誉	róngyù	名	光荣的名誉。 荣誉感/荣誉称号
3.	栽培	zāipéi	动	种植、培养，比喻培养、造就人才。 栽培树木/领导的栽培

4.	一叶知秋	yí yè zhī qiū		从一片树叶的凋落，知道秋天的到来。比喻通过个别的细微的迹象，可以看到整个形势的发展趋向与结果。
5.	未雨绸缪	wèi yǔ chóumóu		绸缪：用绳子紧密缠捆，引申为修补。意思是趁天还没有下雨，先把房屋修缮。比喻事先做好准备工作。 我们要未雨绸缪，早点儿做好准备，别到时候着急。
6.	麻木不仁	mámù bù rén		肢体对刺激没有感觉，形容思想不敏锐，对事物反应迟钝，漠不关心。 麻木不仁的人/对一切都麻木不仁
7.	自生自灭	zì shēng zì miè		自然地发生、生长，又自然地消灭。形容不加过问，任其自由发展。 他没有心思照顾那些花草，任它们自生自灭。
8.	增值	zēngzhí	动	价值增加，与“贬值”相对。 股票增值
9.	漠视	mòshì	动	冷淡地对待，不关心。 漠视敌人/漠视对方
10.	无动于衷	wú dòng yú zhōng		衷：内心。心里一点儿触动也没有，毫不理会。 对别人的请求无动于衷
11.	英年早逝	yīngnián zǎo shì		在十分年轻的时候或中年因意外死亡而去世（多形容男士）。 由于过度劳累，他英年早逝。
12.	饮鸩止渴	yǐn zhèn zhǐ kě		喝毒酒解渴。比喻用错误的、有害的办法来解决眼前的困难而不顾严重后果。 靠吸毒来减轻痛苦无疑是饮鸩止渴。
13.	耕耘	gēngyún	动	耕地和除草，多比喻辛勤劳动。 辛勤的耕耘

14.	扬帆	yáng fān	离	扯起帆（开船）。 扬帆出海
15.	拯救	zhěngjiù	动	救。 拯救地球/拯救生命
16.	眼睁睁	yǎnzhēngzhēng	形	睁着眼睛，形容发呆、没有办法或无动于衷。 眼睁睁地看着
17.	心切	xīnqiè	形	心情迫切。 求子心切/发财心切
18.	光鲜	guāngxiān	形	鲜艳明亮，整洁漂亮。 衣着光鲜/光鲜体面
19.	千疮百孔	qiān chuāng bǎi kǒng		到处都是破洞和创口，比喻破坏得很厉害。也说“百孔千疮”。 千疮百孔的楼/千疮百孔的生活
20.	为时已晚	wéishí yǐ wǎn		时间已经一去不复返，太迟了。 等她终于明白过来时，一切都为时已晚。
21.	透支	tòuzhī	动	超出限额的支付、支取，比喻精神、体力过度消耗，超过所能承受的程度。 银行透支/透支体力
22.	振奋	zhènfèn	动	振作精神，奋发努力。 振奋人心/令人振奋
23.	充沛	chōngpèi	形	充足而旺盛。 精力充沛/充沛的雨水
24.	利索	lìsuo	形	言语、动作灵活敏捷；整齐有条理。 手脚利索/利索人
25.	一味	yíwèi	副	不顾客观条件，盲目地，单纯地。 一味地溺爱/一味地节食
26.	绷	bēng	动	拉紧。 绷紧

27.	扭曲	niǔqū	动	扭转变形，比喻歪曲或颠倒事实、形象等。 形状扭曲/扭曲的心态
28.	舒缓	shūhuǎn	形	缓慢，缓和。 舒缓的音乐/舒缓的节奏
29.	安逸	ānyì	形	安闲舒适。 安逸的生活
30.	淡泊	dànbó	形/动	对于名利淡漠，不看重；不追求名利。 淡泊的心态/淡泊名利
31.	有条不紊	yǒu tiáo bù wěn		紊：乱。形容有条有理，一点儿不乱。 有条不紊地做事
32.	疲惫	píbèi	形	非常疲乏。 疲惫不堪/身心疲惫
33.	吝啬	lìnsè	形	过分爱惜自己的财物，当用而不用。 吝啬鬼/很吝啬

注释 Notes

1 你知道在中国第一代富人喜欢比什么吗？/ 第二代富人比房子、车子。/ 第三代富人比什么呢？

第……代富人：“第一代富人”指中国改革开放以后，20世纪80年代中期到90年代初期富裕起来的人；第一代富人的下一代被称为“第二代富人”，主要集中在20世纪90年代末和21世纪初；“第三代富人”则是指现在的有钱人。

2 因此，可以说一个人的健康其实更多地取决于自己。

取决于： 由……决定，表示被动的语气。例如：

① 能否成功取决于你努力的程度。

② 答不答应完全取决于自己，我不想勉强你。

3 种瓜得瓜，种豆得豆。

种瓜得瓜，种豆得豆： 俗语。意思是“种什么，收什么”。比喻做了什么事，就会得到什么样的结果。例如：

① 俗话说“种瓜得瓜，种豆得豆”，你千万别干坏事，小心遭报应。

② 种瓜得瓜，种豆得豆。不努力怎么能取得好成绩呢？

4 喝啤酒论箱、白酒论斤。

论： 按照。常用于量词前，结构为“名词+论+量词”，表示事物量的单位。“喝啤酒论箱、白酒论斤”意思是“一箱一箱地喝啤酒、一斤一斤地喝白酒”。类似的说法还有“吃饭论碗”、“衣服论件”、“喝茶论杯”……

5 恨不得把自己变成摇钱树。

摇钱树： 传说中的一种宝树，摇摇它就会落下金钱来。比喻藉以生财的人或物。例如：

① 别把孩子当摇钱树！

② 这间地处繁华地段的房子现在每月可挣一万元，真是成了他的摇钱树了。

6 天生我材必有用，千金散尽还复来。

天生我材必有用，千金散尽还复来： 唐朝李白名诗《将进酒》中的一句。意思是“上天给了我才能必然能得到应用，金银财宝花完了还会重新得到”。现在常用这两句诗来表明尽管受到挫折，但仍充满信心的乐观态度。

7 一江春水向东流，永不复回。

一江春水向东流： 出自南唐李煜词《虞美人》，指一去不复返。

交际任务 Tasks

一 采访：健康、事业、金钱，你会选择哪一个？为什么？

要求：1. 采访几位不同身份、不同年龄的人。
2. 比较并归纳他们观点的异同。
3. 请他们说一句有关健康的俗语。

二 演讲：健康——你最大的财富

要　　求：1. 每人准备5—10分钟的演讲内容。
2. 演讲时注意语气，做到情绪饱满、声情并茂。

参考词语：基因　取决于　本钱　麻木不仁　长命百岁　无动于衷　拯救　种瓜得瓜，种豆得豆　急功近利　为时已晚　精力充沛　平和的心态　有条不紊　疲惫　有张有弛　透支

三 小调查：留学生的运动与健康

自己设计一份调查问卷并进行调查，分析调查结果，然后向全班报告。

四 介绍一种有益于健康的运动，并邀请朋友们一起运动五分钟

练习 Exercises

课文理解

一 简要复述课文大意

二 朗读下列句子，注意语气、语调

1. 当你面对一份好的工作、金钱、车子、房子和健康的身体时，你会选择什么呢？
2. 没有领导的爱护、关心和栽培，怎么有你的现在呢？
3. 成绩也是大家的，没有大家的齐心协力，怎么能够得到这些成绩呢？

4. 金钱是谁的？金钱是子女的，金山银山，你死了一分钱都带不走，你空空手来也还得空空手走。
5. 爱妻爱子爱家庭，不爱健康等于零。
6. 身体是革命的本钱。
7. 没有健康就没有小康，没有健康就没有一切。
8. 种瓜得瓜，种豆得豆。一分耕耘，一分收获。
9. 40岁以前用命换钱，40岁以后用钱买命。
10. 一心想着住大房子、开进口好车，在人前光鲜体面，恨不得把自己变成摇钱树。等最终因劳累过度而倒下时，一切都为时已晚。
11. 有健康才有未来和希望，失去健康就失去了一切。
12. 于是人们开始尝试“慢生活”，慢慢运动、慢慢吃、慢慢读、慢慢思考……

词语练习

一 根据给出的解释，从课文中找到相应的词语或说法

1. 比喻做了什么事，就会得到什么样的结果——
2. 超出限额的支付、支取，比喻精神、体力过度消耗，超过所能承受的程度——
3. 时间已经一去不复返，太迟了——
4. 比喻通过个别的细微的迹象，可以看到整个形势的发展趋向与结果——
5. 比喻事先做好准备工作——
6. 心里一点儿触动也没有，毫不理会——
7. 比喻用错误的、有害的办法来解决眼前的困难而不顾严重后果——
8. 到处都是破洞和创口，比喻破坏得很厉害——
9. 过分爱惜自己的财物，当用而不用——
10. 形容思想不敏锐，对事物反应迟钝，漠不关心——

二 词语归类

找出课文中有关健康的俗语，如：健康是金子。

三 选词填空

有条不紊　　未雨绸缪　　无动于衷　　为时已晚

麻木不仁　　自生自灭　　饮鸩止渴　　千疮百孔

1. 现在再说这些已经（　　　　）了，还是想想下一步我们应该怎么办吧。
2. 他做事（　　　　），这个工作交给他你就这放心吧。
3. 尽管父母已经说得口干舌燥，可沉迷于网游的孩子依然（　　　　）。
4. 这座大楼已经使用了五十年，早就（　　　　）了。
5. 既然这个东西对人类没什么危害，就别管它，让它（　　　　）吧。
6. 面对求职时的巨大压力，不少毕业生（　　　　），提前一年就开始投递简历。
7. 为了眼前的一点儿小利益而大肆破坏环境，这样无异于（　　　　）。
8. 如果我们对自己的安全与健康（　　　　），那必然会带来巨大的损失。

四 用指定词语完成对话

1. A：你能不能帮我催问一下求职的结果？你觉得我有希望吗？

   B：________________________________。

   （心切　　取决于）

2. A：任何事情都应该早做准备，未雨绸缪，否则老是手忙脚乱的。

   B：________________________________。

   （从容不迫　　有条不紊）

3. A：现代社会，不少年轻人的身体处于亚健康状态，真令人担忧啊！

   B：________________________________。

   （透支　　漠视　　英年早逝）

4. A：你已经挺有钱的了，干吗还这么卖命地工作？

   B：________________________________。

   （贬值　　体面　　安逸）

5. A：我真羡慕那些一夜暴富的人！

   B：________________________________。

   （急功近利　　心切　　耕耘）

成段表达

一 模仿例子，完成句子

1. 谁肚子大，谁就算是有钱人。

   谁做好了充分准备，……。

2. 一个人本事再大，地位再高，荣誉再多，也是领导的。

   你再有钱，再有权，……。

3. 没有大家的齐心协力，怎么能够得到这些成绩呢？

   没有天天的精打细算……。

4. 等到有一天出海扬帆的时候，发现它已经无法拯救，只能眼睁睁地看着沉入海底。

   等到你终于明白的时候，……。

5. 脑子里除了“赚钱”别无他物。

   脑子里除了……。

二 模仿例句，说一段话

1. 健康有四大决定因素：一是内因，即父母的遗传因素；二是外界环境因素；第三是医疗条件；第四是个人生活方式的影响。

   （1）我喜欢中国有三大理由：一是这里很漂亮，二是……，三是……。

   （2）运动的好处有很多，一是……，二是……，三是……。

   （3）旅游……，一是……，二是……，三是……。

2. 对健康，不同的人心态不同。第一种人是聪明人，他们主动健康，长命百岁。第二种人漠视健康，英年早逝。还有一种糊涂人，他们烟酒无度，饮鸩止渴，残害自己。

   （1）对待爱情，不同的人心态不同。第一种人认为爱情至上，第二种人……，还有一种人……。

   （2）求职面试时，有许多不同类型的人。第一种人过分谦虚，没有自信；第二种人……；还有一种人……。

（3）来自世界各地的学生有着各自不同的学习目的。第一种学生……，第二种学生……，还有一种学生……。

3. 事业固然很重要，应当尽力而为，但只是拼脑拼劲不拼命。

（1）学习固然很重要，应当刻苦认真，但……。

（2）赚钱固然很难，应当……，但……。

（3）网络固然……，应当……，但……。

4. 慢，不是一种简单的减速，而是一种平和、从容、淡泊的心态，是对生活的一种成熟的态度。

（1）婚姻，不是爱情的坟墓，而是……，是……。

（2）减肥，不是靠节食就能成功的，而是……，是……。

（3）考试，不是为了让大家痛苦，而是……，是……。

5. 人要善于有张有弛，有快有慢，这样才能活得更健康。

（1）我们要随时释放心中的压力，这样才能……。

（2）你要多关心父母家人，这样才能……。

（3）你要……，这样才能……。

自由表达

一 就课文中的以下说法，发表意见

1. 只有健康是自己的。
2. 没有健康就没有小康，没有健康就没有一切。
3. 生命是一条单行线，没有回头路，一江春水向东流，永不复回。
4. 人要善于有张有弛，有快有慢，这样才能活得更健康。

二 讨论

1. 现代生活对健康有什么样的损害？
2. 你怎么理解“身体是革命的本钱”这句话？
3. 现在很多人主张“吃出健康”，你怎么看？

4. 好工作、金钱、爱情、车子、房子、健康的身体，你最想得到哪一个？
5. 健康包括哪些方面？哪方面的健康最重要？
6. 你知道“亚健康状态”和“过劳死”吗？
7. 说说你们国家有关健康的俗语。
8. 没病就是健康吗？
9. 你认为健康与饮食、运动、心情之间有什么关系？
10. 哪个国家的人最长寿？什么样的人最长寿？

相关阅读

是谁夺走了你的“健康奶酪”

“奶酪”不是一成不变的，“健康奶酪”更是容易在不知不觉中发生变化。老年人“蓦然回首”，会发现自己已变得“皱纹满面，两鬓如霜”，会发现与自己同龄的老王、大李，竟然已经“走”了。中年人对镜自顾，白发又生了许多，眼角的鱼尾纹又添几道，腰圆了，肚也大了。而本应是“早晨八九点钟的太阳”、生龙活虎地生活的年轻人，却也有不少人已与动脉血管硬化等老年病结了缘，真正应了“未老先衰”这句话。更让人不安的是，肥胖、性早熟等疾病竟然已出现在少儿时期，以致医学家惊呼：“防病要从娃娃抓起！”

究竟是谁掠夺了人们的“健康奶酪”？静心思考，发现与下列几个因素有密切联系。

一、不良生活习惯

习惯伴终身，是一个长期对健康发生影响的因素。好习惯是健康的银行，坏习惯是健康的监狱。播种好习惯便收获健康，播种坏习惯便收获早衰和疾病。我们每个人身上都有些好的习惯，坚持下去便终身受用；而有些坏习惯，则要下决心改掉。比如吸烟，是有百害而无一利的坏习惯。我国是吸烟大国，近年来吸烟有年轻化、女性化的趋势。许多吸烟者认为自己健康得很，不会生病。但当身患肺癌后，劝其戒烟没有一个不戒的，这说明有瘾的坏习惯也是能改掉的。当然，最好是从小就培养不吸烟的好习惯。

生活有规律是许多长寿者的共同经验，然而，目前生活不规律者却越来越多。疯狂度周末、晚睡晚起、不吃早餐者大有人在，一些中青年人仗着眼下“身体尚有本钱”，就长时间上网、搓麻将、打扑克……以牺牲健康的巨大代价去预支生命，实不可取。

二、紧张有余，心静不足

当今社会生活节奏的加快、竞争的激烈、人际关系的紧张，给人带来了很大的心理问题。“心有千千结”，每一个结都会影响心理乃至生理健康，因为心理和生理是密切相关的，二者通过神经——内分泌——免疫系统相互影响着，如抑郁、焦虑、自闭、不快乐等心理问题，会引起一系列表现于躯体的身心疾病。过去，人们对心理疾病认识不足，其实，心理障碍对健康的损害更大、更深。所以有心理疙瘩的人，要找知心好友或亲人倾诉、宣泄，不要闷在心里。

在人际关系的四种模式中，有三种对健康不利：你行我不行——过于自卑；我行你不行——过于自傲；我不行，你也不行——过于嫉妒。“窝里斗”最伤人，于人于己都不利。应提倡第四种模式——“我行你也行”：既自信也尊重别人，既看到自己的优势也看得到他人的长处。在复杂的人际关系中，把名利、金钱看轻些，把友谊看重些，提倡道德健康。“仁者寿”，求得心境的平静。心静，有利于健康长寿。

三、没能管好一张嘴

高血脂、高血压等，在很大程度上是吃出来的。如膳食营养不均衡，吃得多、消耗（运动）少。合理饮食可使动脉硬化的进程延缓，甚至可使动脉壁上已有的硬块缩小。因此，管好自己的嘴巴，对“吃”进行积极干预，可大大降低一系列“富贵病”的发病率。胡吃海喝，等于是在用牙齿挖掘自己的坟墓。

四、运动不够和睡眠不足

现代化的交通工具——汽车和电梯，使我们生活更加方便和快捷的同时，也使我们的躯体越来越缺乏步行锻炼的机会，天长日久以致失去或大大削弱了身体的敏捷性、耐久性、柔韧性和爆发力。这些体质的削弱，便是衰老的开始。

睡眠不足目前普遍存在于中小学生中。长此以往，会出现记忆力下降、智商降低、思维混乱、体质减弱等一系列亚健康体征。而在成年人当中，也存在着睡眠质量问题，特别是中老年人入睡难、早醒、浅睡、多梦、失眠者较普遍，呼吸暂停综合症者也在增多。

由此可见，掠夺“健康奶酪”的正是我们自己，需要引起警惕！

选自《大众医学》

说一说： 1. 作者提到了生活中哪些不良习惯？对健康有什么样的影响？
2. 为什么现代社会人们的心理问题越来越多？

11 美食沙龙

课文 Text

话题背景

中国人喜欢说："民以食为天"，可见吃的重要。吃是文化，也是学问，以下是一个美食沙龙关于吃的境界的讨论。

吃的几大境界

主 持 人： 俗话说，"民以食为天"。咱们这个美食沙龙今天的话题就是一个字——吃。诸位，谁先来发表点儿高论？

记　　者： 要说吃这事儿吧，人人都会，可不见得人人都能谈出学问来。我看得从境界说起。我先说最基本的吧，那就是"果腹"，也就是俗话说的"填饱肚子"，过去说谁穷，不就是说"衣不蔽体，食不果腹"嘛。这个境界的吃，形式比较原始，只解决人的最基本的生理需要，也用不着费心找地儿，各种商场里的小吃城、各种中西式快餐都可以是选择对象。一份套餐，一大碗面条，或者是一两样家常菜、一碗米饭足矣。

回答问题

1. 记者提议从什么角度谈论“吃”？
2. 他认为吃的最基本的境界是什么？
3. 最基本境界的“吃”是什么形式？

主 持 人：您说的要是第一大境界的话，我认为吃的第二大境界应该是“解馋”。吃的是一个痛快。现在生活水平提高了，山珍海味，八面来风，想吃什么应有尽有。下了班，跟二三知己找个好去处，什么招牌菜、看家菜，来个大快朵颐，不亦乐乎。

回答问题

1. 主持人认为吃的第二种境界是什么？
2. 人们生活水平的提高在吃上有哪些表现？
3. 可以怎么描写吃得痛快？
4. 你觉得吃什么、怎么吃最解馋？

美 食 家：那种吃法该叫“老饕”。古人不就称贪吃者为“饕餮”嘛。照我看，要是只管胡吃海塞的，兴头来了，再吆喝着划几下拳，甚至还赤膊上阵，痛快倒是痛快，可未免不雅，算不上高境界，勉强算一种吧。要说吃的第三种境界，该是“品味”。菜不在多，重要的是精致、地道。讲究季节时令，刀工火候，要是还能讲出点儿典故传说，就更见出吃的水平了。

回答问题

1. 贪吃者被称为什么？
2. 美食家对只顾痛快的吃法有什么评价？
3. 他认为吃的第三种境界是什么？

记　　者：还有第四种境界就是宴请。商务往来、官场应酬、危机处理，多通过宴请。这种吃往往不以吃本身为目的，重在讲究排场，讲究饭店的档次，一餐饭动辄成千上万，吃的没有浪费的多，暴殄天物，但这是支撑餐饮业的重要经济支柱。

主 持 人：这与其说是“吃”，不如说是搞公关了。

回答问题

1. 吃的第四种境界是什么？这种吃是为了解决哪些问题？
2. 宴请重视什么？
3. 记者对这种吃的方式有什么评价？
4. 主持人对此有什么评价？

美 食 家：第五种境界应该是“养生”。中国传统的饮食讲究“食补”，以煲汤为例，什么甲鱼汤、老鸭汤，都要足足地焖上十多个小时，热气腾腾地端上来，不仅味道鲜美，而且营养丰富。

回答问题

1. 吃的第五种境界是什么？
2. 中国的传统饮食讲究什么？
3. 怎样煲汤？ 汤有哪些好处？

社会学家： 有时候，吃的目的在于沟通人际关系。逢年过节，还是谁有点儿什么值得庆贺的事，或者有朋自远方来，都少不了聚餐，团团围坐，其乐融融。这就算是第六种境界吧。

回答问题

1. 吃的第六种境界是什么？要达到什么目的？
2. 哪些情况下人们会安排聚餐？
3. 聚餐时一般是什么样的气氛？
4. 你常常和家人、朋友聚餐吗？描写一下聚餐时的气氛。

诗　　人： 团聚的热闹固然不可少，但也不能太多，否则也烦人。我倒是更欣赏一种清静的境界，姑且作为第七种境界，那就是独品。吃什么不太重要，关键是心情、情调。小巷深处，有那么一家小馆子，店面古朴干净，“花间一壶酒”，自己浅斟低酌，物我两忘。

主 持 人： 生活在现代化的大都市，您这份雅兴恐怕不容易满足。但能想想也挺不错的。真有一天找到这样的好地方，别忘了告诉我一声。

回答问题

1. 诗人怎么评价聚餐？他自己喜欢什么样的境界？
2. 吃的第七种境界是什么？
3. 独品的境界看重什么？
4. 喜欢独品的人会选择什么样的饭馆？
5. 主持人认为诗人的愿望容易实现吗？

选自《北京晚报》

词语表 Vocabulary

1. 沙龙 shālóng 名 文人雅士的小型聚会。（法语“salon”的音译）
文化沙龙/举办沙龙

2. 高论 gāolùn 名 见解高明的议论。（敬语）
发表高论/聆听高论

3. 果腹 guǒfù 动 填饱肚子。（书面语）
食不果腹/难以果腹

4. 解馋 jiě chán 离 满足对好食物的渴求。
吃肉解馋/真解馋

5. 知己 zhījǐ 名 互相了解的亲密朋友。
知己难求/酒逢知己

6. 大快朵颐 dà kuài duǒyí 鼓动腮颊嚼东西的样子，形容痛痛快快地大吃。
聚餐会上他们个个大快朵颐。

7. 饕餮 tāotiè 名 传说中一种贪吃的怪兽，比喻贪吃的人。
饕餮之徒

8. 胡吃海塞 hú chī hǎi sāi 吃东西不讲究，吃得过多。
胡吃海塞不利于健康。

9. 划拳 huá quán 离 饮酒时的一种游戏。
年轻人一起喝酒总喜欢划拳。

10. 赤膊 chì bó 离 光着上身。
打赤膊

11. 典故 diǎngù 名 诗文里引用的古书中的故事和词句。
成语典故/引用典故

12. 排场 páichǎng 名 铺张的场面。
大排场/喜欢排场

13.	动辄	dòngzhé	副	动不动就，常常。（书面语） 动辄发脾气
14.	暴殄天物	bào tiǎn tiān wù		殄：灭绝。任意糟蹋东西。 把这么好的东西扔掉，简直是暴殄天物！
15.	煲	bāo	动	用小火煮食物，慢慢地熬。 煲汤/煲粥
16.	焖	mèn	动	盖紧锅盖，用小火煮。 红焖羊肉/黄焖鸭
17.	聚餐	jù cān	离	很多人在一起为庆祝或联欢吃饭。 节日聚餐/周末聚餐
18.	其乐融融	qí lè róngróng		十分欢乐的样子。 合家团聚，其乐融融。
19.	浅斟低酌	qiǎn zhēn dī zhuó		慢慢地饮酒，形容悠然自得的样子。
20.	物我两忘	wù wǒ liǎng wàng		因为太陶醉，忘记了身外的世界，也忘了自己的存在。
21.	雅兴	yǎxìng	名	高雅的兴趣。 有雅兴/雅兴很高

注释 Notes

1 过去说谁穷，不就是说“衣不蔽体，食不果腹”嘛。

衣不蔽体，食不果腹： 衣服破旧不能遮挡身体，食物缺乏不能吃饱肚子，用来形容贫穷的状况。例如：

过去这个地方非常穷，人们常年过着衣不蔽体、食不果腹的日子。

2 一份套餐，一大碗面条，或者是一两样家常菜、一碗米饭足矣。

……足矣：文言，表示前面所说的这些东西就能够让人满足了。例如：

① 这么浪漫的爱情，一辈子有一次足矣。

② 我要求不高，考试得80分足矣。

3 什么招牌菜、看家菜，来个大快朵颐，不亦乐乎。

招牌菜：一家餐厅最有影响、最吸引顾客的菜。

看家菜：一家餐厅最擅长、别家餐厅很难胜过的菜。看，读kān。例如：

① 这家餐厅的招牌菜是水煮鱼，来吃的大多是回头客。

② 老板，请介绍一下你们的看家菜。

4 要是只管胡吃海塞的，兴头来了，再吆喝着划几下拳，甚至还赤膊上阵，痛快倒是痛快，可未免不雅，算不上高境界，勉强算一种吧。

……倒是……，可未免……：先说出肯定的方面，然后说出不以为然的方面，带有委婉的语气。例如：

① 这么说明白倒是明白，可未免太不客气。

② 天天吃泡面，方便倒是方便，可未免缺乏营养。

5 ……，或者有朋自远方来，都少不了聚餐，团团围坐，其乐融融。

有朋自远方来：出自《论语》，原文为“子曰：学而时习之，不亦说乎？有朋自远方来，不亦乐乎？人不知而不愠，不亦君子乎？”“有朋自远方来，不亦乐乎”意思是有朋友从很远的地方来，对主人来说是一件非常高兴的事。例如：

中国古人说“有朋自远方来，不亦乐乎”。欢迎大家的到来。

6 小巷深深处，有那么一家小馆子，店面古朴干净，“花间一壶酒”，自己浅斟低酌，物我两忘。

物我两忘：忘记了身外的世界，也忘了自己的存在。形容人十分陶醉的样子。例如：

① 高原的风景太美了，置身其中，真让人物我两忘。

② 沉浸在美妙的音乐世界里，他已经是物我两忘了。

交际任务 Tasks

一 去餐馆吃饭时，问问服务员或老板，他们有什么招牌菜/看家菜

了解内容：1. 菜名
2. 原料
3. 口味
4. 典故

二 描述一下你最近一次去餐馆吃饭的情景，说说你认为可以归入哪一种境界

三 编写小品并表演

小品名称：宴请的学问
要　　求：参考课文里的说法，充分体现所掌握的饮食文化知识
角　　色：公司公关部经理，公司的客户

练　习 Exercises

课文理解

一 简要复述课文大意

二 朗读下列句子，注意语气、语调

1. 俗话说，"民以食为天"。咱们这个美食沙龙今天的话题就是一个字——吃。诸位，谁先来发表点儿高论？
2. 要说吃这事儿吧，人人都会，可不见得人人都能谈出学问来。我看得从境界说起。
3. 下了班，跟二三知己找个好去处，什么招牌菜、看家菜，来个大快朵颐，不亦乐乎。
4. 痛快倒是痛快，可未免不雅，算不上高境界，勉强算一种吧。

5. 什么甲鱼汤、老鸭汤，都要足足地焖上十多个小时，热气腾腾地端上来，不仅味道鲜美，而且营养丰富。

6. 团聚的热闹固然不可少，但也不能太多，否则也烦人。

三 说一说：在七种境界中，你最欣赏哪一种？

词语练习

一 根据给出的解释，从课文中找到相应的词语或说法

1. 衣服破旧不能遮挡身体，食物缺乏不能吃饱肚子，用来形容贫穷的状况——
2. 鼓动腮颊嚼东西的样子，形容痛痛快快地大吃——
3. 因为太陶醉，忘记了身外的世界，也忘了自己的存在——
4. 十分欢乐的样子——
5. 吃东西不讲究，吃得过多——
6. 任意糟蹋东西——
7. 传说中一种贪吃的怪兽，比喻贪吃的人——
8. 光着上身——
9. 一家餐厅最有影响、最吸引顾客的菜——
10. 一家餐厅最擅长、别家餐馆很难胜过的菜——

二 词语归类

说说你知道的与吃有关的词语、说法，如：饕餮、山珍海味。

三 选词填空

山珍海味　　大快朵颐　　应有尽有　　赤膊上阵

暴殄天物　　其乐融融　　胡吃海塞

1. 新年时全家团聚在一起，（　　　　）。
2. （　　　　）不仅吃不出东西的好滋味，还容易把肠胃吃坏了。
3. 我把朋友送的大虾放坏了，朋友骂我（　　　　）。
4. 来到海边，各种美味的海鲜（　　　　），可以（　　　　）。
5. 这里的夏天特别热，还没有空调，干活的人个个（　　　　）。
6. 饭店里的（　　　　）再鲜美，也不如妈妈做的菜好吃。

四 用指定词语完成对话

1. A：你最近怎么不去你以前常去的那家餐馆了？

   B：____。

   （动辄　　不见得　　未免）

2. A：你现在经常去哪里解馋呢？

   B：____。

   （去处　　看家菜　　大快朵颐）

3. A：今天点的菜有点儿多，吃不完就剩下吧。

   B：____。

   （排场　　档次　　暴殄天物）

4. A：昨天打完球你们去哪儿了？

   B：____。

   （聚餐　　胡吃海塞　　其乐融融）

成段表达

一 模仿例子，完成句子

1. 俗话说，“民以食为天”。

   俗话说，……。

2. “果腹”，也就是俗话说的“填饱肚子”。

   “乐于助人”，也就是俗话说的……。

3. 痛快倒是痛快，可未免不雅。

   漂亮倒是漂亮，可……。

4. 以煲汤为例，什么甲鱼汤、老鸭汤，都要足足地焖上十多个小时。

   以辅导班为例，什么英语班、钢琴班，都要……。

二 模仿例句，说一段话

1. 要说吃这事儿吧，人人都会，可不见得人人都能谈出学问来。

（1）要说写字这事儿吧，人人都会，可不见得……。

（2）要说做饭这事儿吧，人人……，可不见得……。

（3）要说……吧，人人……，可不见得……。

2. 一份套餐，一大碗面条，或者是一两样家常菜、一碗米饭足矣。

（1）一个人不需要住太大的房子，……足矣。

（2）我对这次考试分数的要求不高，……足矣。

（3）……，……足矣。

3. 要是只管胡吃海塞的，兴头来了，再吆喝着划几下拳，甚至还赤膊上阵，痛快倒是痛快，可未免不雅，算不上高境界。

（1）要是不买车，不用操心养车堵车，省心倒是省心，可未免……。

（2）要是让旅行社安排日程，……，……倒是……，可未免……。

（3）要是……，……，……倒是……，可未免……。

4. 这种吃往往不以吃本身为目的，重在讲究排场，讲究饭店的档次。

（1）这种喝酒往往不以喝酒本身为目的，重在……。

（2）这种比赛往往不以比赛本身为目的，重在……。

（3）这种……往往不以……为目的，重在……。

5. 这与其说是“吃”，不如说是搞公关了。

（1）这与其说是爱，不如说是……。

（2）这与其说是教育，不如说是……。

（3）这与其说是……，不如说是……。

6. 我倒是更欣赏一种清静的境界，姑且作为第七种境界，那就是独品。吃什么不太重要，关键是心情、情调。

（1）我倒是更欣赏另一种读书方式，那就是读闲书。读什么不太重要，关键是……。

（2）我倒是更欣赏现在年轻人的生活态度，那就是……。……不太重要，关键是……。

（3）我倒是……，那就是……。……不太重要，关键是……。

自由表达

一 给大家推荐一种你最喜欢的美食，说说它的做法、味道、特点。

二 讨论：饮食与文化的关系

1. 举例说明从饮食可以了解一个国家的发展历史。
2. 饮食习俗中有丰富的民族文化心理内容。
3. 你所知道的中国饮食文化的地域特点。比如说：南甜北咸，东辣西酸。
4. 饮食与汉语的“讨口彩”（利用谐音说吉利话），比如过年要吃鱼，意思是“年年有余”。

相关阅读

口　味

“口之于味，有同嗜焉。”好吃的东西大家都爱吃。宴会上如果有烹大虾，大都剩不下。但是也不尽然。羊肉是很好吃的，“羊大为美”。中国吃羊肉的历史很久远，中国羊肉的吃法也很多，不能一一列举，我以为最好吃的是手把羊肉。维吾尔、哈萨克都有手把羊肉，但似以内蒙为最好。内蒙汗多盟旗都说他们那里的羊肉不膻，因为羊吃了草原上的野葱，生前已经自己把膻味解了。我以为不膻固好，膻亦无妨。我几次到内蒙，吃羊肉吃得非常过瘾。同行有一位女同志，不但不吃，连闻都不能闻。一走进食堂，闻到羊肉气味就想吐。她只好每顿用开水泡饭，吃咸菜，真是苦煞。全国不吃羊肉的人，不在少数。

“鱼羊为鲜”，有一位老同志是回民，他倒是吃羊肉的，但是一生不解何所谓鲜。他的爱人是南京人，动辄说：“这个菜很鲜。”他说：“什么叫‘鲜’？我只知道什么东西吃着‘香’。”要解释什么是“鲜”，是困难的。我的家乡以为最能代表鲜味的是虾子。虾子冬笋、虾子豆腐羹，都很鲜。虾子放得太多，就会“鲜得连眉毛都掉了”的。我有个小孙女，很爱吃我配料煮的龙须挂面。有一次我放了虾子，她尝了一口，说“有股什么味儿！”不吃。

中国不少省份的人都爱吃辣椒。云、贵、川、湘、赣。延边朝鲜族也极能吃辣。人说吃辣椒爱上火。我认识一个演员，他一天不吃辣椒，就会便秘！我认识一个干部，他每天在机关吃午饭，什么菜也不吃，只带一小饭盒油炸辣椒来，吃辣椒下饭。顿顿如此。此人真是个吃辣椒专家，全国各地的辣椒，都设法弄了一些来尝尝。然而有人是不吃辣的。我曾随剧团去重庆。四川无菜不辣，有人实在受不了。几个年轻的女演员去吃汤圆，一个演员进门就嚷嚷："不要辣椒！"卖汤圆的白了她一眼："汤圆没有放辣椒的！"

北方人爱吃生葱生蒜。山东人特爱吃葱。吃煎饼、锅盔，没有葱是不行的。山东大葱的确很好吃，葱白长至半尺，是甜的。江浙人不吃生葱蒜，做鱼肉时放葱，谓之"香葱"，实即北方的小葱，几根小葱，挽成一个疙瘩，叫做"葱结"。他们把大葱叫"胡葱"，即使做菜时也不大用。有一个著名女演员，不吃葱，她和大家一起去体验生活，菜都得给她单做。北方人吃炸酱面，必须有几瓣蒜。在长影拍片时，跟几个炊事员一起吃饭，他们吃油饼就蒜。我说："吃油饼哪有就蒜的！"他们说："嘿！你试试！"果然，"另一个味儿"。我前几年回家乡，接连吃了几天鸡鸭鱼肉，吃腻了，我跟家里人说："给我下一碗阳春面，弄一碟葱，两头蒜来。"家里人看我生吃葱蒜，大为惊骇。

有些东西，本来不吃，吃吃也就习惯了。我曾经夸口，说我什么都吃，为此挨了两次捉弄。一次在家乡。我原来不吃芫荽（yánsui 香菜），以为有臭虫味。家中所开中药铺的管事弄了一大碗凉拌芫荽，说："你不是什么都吃吗？"我一咬牙吃了。从此我就吃芫荽了。后来每吃涮羊肉，调料里总要撒上大量芫荽。一次在昆明。苦瓜，我原来也不吃的——没有吃过。有一位诗人请我下小馆子，他要了三个菜：凉拌苦瓜、炒苦瓜、苦瓜汤。他说："你不是什么都吃吗？"从此我就吃苦瓜了。北京人原来是不吃苦瓜的，近年来也学会吃了。不过他们用凉水连"拔"三次，基本上不苦了，那还有什么意思！

有些东西，自己尽可以不吃，但不要反对别人吃。不要以为自己不吃的东西，谁吃，就是岂有此理。

总之，一个人的口味要宽一点儿，杂一点儿，"南甜北咸，东辣西酸"，都去尝尝，对食物如此，对文化也该这样。

选自汪曾祺《四方食事》

说一说： 1. 除了作者说的几种食物，你还知道有什么东西是有的人喜爱、有的人却闻都不能闻？

2. 作者提倡吃东西"一个人的口味要宽一点儿，杂一点儿"，这跟文化有什么关系？

12 维 权

课 文 Text

话题背景

一分钱能干什么呢？可能什么也买不到，可是，有的人却为一分钱较了真儿，而且把这个真儿较到了法庭上。

为一分钱打官司，值吗？

四川成都的一名退休职工曾把央视某主持人告上法庭，以该主持人在接受某杂志专访时的言论中有一句“她有一个团伙”为由，向法院提起侵犯名誉权诉讼，索赔一分钱，此案被法院裁定不予受理。除了有一分钱官司，还有一元钱官司。北京市宣武区法院曾对李文状告陈某及某报社侵犯名誉权一案进行宣判，判决被告共同赔偿李文精神抚慰金一元整。

回答问题

1. 央视主持人为什么会被告上法庭？
2. 李文与报社的官司结果是什么？

不管是一分钱，还是一元钱，这里的金钱都只是一个象征。有人认为，这说明了人们权利意识的觉醒，是件好事情。个人是自己利益的最好判断者，鞋子是否合脚只有自己知道，是否要打官司，索赔多少，当事人自己有权选择。而且权利本身就是无价的，一元钱官司的价值并非一元钱所能代表的，特别是一些涉及公益内容的诉讼，社会效益十分明显。从法律上讲，只要符合法律规定的受案范围，不管多少，法院都应当受理。通过一元钱官司的公正判决，可以增强公众对法治的信仰和信心。

回答问题

作者认为一分钱官司是好事的理由是什么？

不过，在我看来，除了公益性诉讼，一分钱官司有些小题大做，不必要为一分钱、一元钱去较真儿。

第一，一分钱官司，实际上浪费了有限的司法资源。要把有限的司法资源用于处理各种矛盾，这关系到正义如何分配的问题。就像在医院里，同时来了一个生命垂危的病人和一个只擦破点儿皮的患者，医院应当先处理哪一个？试想，如果法院都把精力用于处理一分钱、一元钱的官司，怎能保证其他案件能得到及时的处理？

第二，一分钱官司，与诉讼成本不相称。法院处理每一个案件，都要投入一定的人力、物力。对当事人来讲，受理费、聘请律师的费用远远不止一分钱、一元钱，实际上当事人也浪费了自己的时间和金钱，可以说是得不偿失。

回答问题

1. 为什么说一分钱官司是浪费司法资源？
2. 为什么说一分钱官司是“得不偿失”？

第三，一分钱官司，有违以和为贵的中华民族传统。

维护权利是应当的，但也不能过度、过敏。在并非大是大非的问题上，何必斤斤计较？免得捡了芝麻，丢了西瓜。生活中多几分宽容，少一些斗气，一切以和为贵。

第四，一分钱官司，难以实现当事人的初衷。当事人起诉的目的，很多时候是为了争一口气。然而一分钱官司真能给被告方以教训吗？可能未必。相反，被告方会认为，不就赔一分钱吗？有什么了不起的？一分钱的法律责任，会使司法权威显得苍白无力，根本达不到惩罚目的。如果这个官司真有价值，真要维权，又何必只索赔一分钱呢？难道仅仅是为了讨一个说法吗？法律不是万能的，还是不要把法律判决当成道德审判。

回答问题

1. 作者提到了中华民族的哪一种传统精神？
2. 从课文看，作者赞成打一分钱的官司吗？

众说纷纭

律师：一分钱我也告他

天津海滨律师事务所的王健律师说，在消费过程中遇到权益被侵害时，不管涉及的金额大小，他肯定要讨个公道，严重的可以利用自己所掌握的法律知识将责任人诉上法庭。王律师表示，维护消费者的个人权益不能按照被侵犯的金额来定，消费者不能因为自己损失小而不去追究责任，这样做只能助长歪风邪气。

学生：告不告视心情而定

天津某大学学生舒怡说："权利受损后是否上法庭，要视心情或时间而定，如果这件事让我非常生气，我就去告他。如果是在寒、暑假期间，我有足够时间，我也会去告商家，商品的价值倒在其次。"

工薪族：超过2000元就告他

天津市拖拉机制造有限公司职工陈强说："平时买到假货的情况常有，但是在一般情况下找商家理论一番也就完事了。如果买的商品价值超过2000元钱，我就会去法院告他，因为我一个月才挣七八百元钱，2000元钱就值得告。"

下岗女工：想不起来告他

袁霞几年前下岗。她说："前几天，我在商场里买了一件100元的毛衣，后来因为不喜欢它的颜色，就去退换。因此跟商家发生了口角，为了这件事，我整整在商场里耗了一天，终于把毛衣退了。我的家庭收入本来就不高，所以对商品稍微不满意，就得找商家理论一番。哪怕在市场上买几元钱的东西，不如意我也要吵一架。至于上法庭打官司我没想过。"

回答问题

1. 对于维权，律师有什么建议？
2. 大学生舒怡会去打官司吗？
3. 陈强的看法是什么？
4. 袁霞退毛衣顺利吗？

选自中国法院网

词语表 Vocabulary

1.	较真儿	jiàozhēnr	形	认真，计较。 较什么真儿？/他这个人很较真儿。
2.	诉讼	sùsòng	动	向执法机关提出控告、申诉，要求评判曲直是非。 诉讼案件/提起诉讼
3.	裁定	cáidìng	动	经过考虑，作出决定。 最终裁定/裁定结果
4.	状告	zhuànggào	动	向法律机构提出诉讼。 状告商家
5.	抚慰金	fǔwèijīn	名	受害人因人格权遭受不法侵害而导致生理、心理上的损害（消极感受），依法要求侵害人赔偿的精神抚慰费用。 精神抚慰金

6.	觉醒	juéxǐng	动	醒悟，明白。 在大家的耐心劝说下，他终于觉醒了。
7.	小题大做	xiǎo tí dà zuò		指拿小题目作大文章。比喻不恰当地把小事当做大事来处理，有故意夸张的意思。 只是件小事，别小题大做。
8.	垂危	chuíwēi	动	接近死亡，面临死亡。 生命垂危
9.	相称	xiāngchèn	形	事物配合起来显得合适。 衣服和身材不相称
10.	聘请	pìnqǐng	动	邀请人担任工作或职务。 聘请律师/聘请专家
11.	得不偿失	dé bù cháng shī		指做一件事所得少而损失大，所得的利益抵偿不了所受的损失。 为了减肥而牺牲健康实在是得不偿失。
12.	过度	guòdù	形	超过适当的限度。 劳累过度/过度奢侈
13.	斤斤计较	jīnjīn jìjiào		斤斤：形容明察，引申为琐碎细小。指对微小的利益或无关紧要的小事过分在意。 他是个斤斤计较的小人。
14.	宽容	kuānróng	动	宽大有气量，不计较或不追究，能容忍别人。 宽容心/宽容别人
15.	斗气	dòu qì	离	对别人有意见或闹情绪。 跟父母斗气/互相斗气
16.	初衷	chūzhōng	名	最初的愿望和心意。 给你带来伤害并不是他的初衷。
17.	苍白无力	cāngbái wúlì		苍白：灰白。形容贫弱无力。 苍白无力的脸庞/苍白无力的解释

18.	纷纭	fēnyún	形	（言论、事情等）众多而杂乱。 众说纷纭
19.	公道	gōngdào	名	公正的道理，对事实的公道的说明。 讨个公道/主持公道
20.	歪风邪气	wāifēng xiéqì		歪、邪：不正当，不正派。指不良的作风或风气。 我们要抵制相互攀比、送礼行贿等歪风邪气。
21.	理论	lǐlùn	动	讲理，据理争论。 理论一番/理论理论
22.	口角	kǒujué	名	争吵。 发生口角

注释 Notes

1 鞋子是否合脚只有自己知道。

鞋子是否合脚只有自己知道： 比喻只有自己知道自己的真实感受。

2 在并非大是大非的问题上，何必斤斤计较？

大是大非： “是”，正确；“非”，错误。“大是大非”指带有原则性、根本性的是非问题。

3 免得捡了芝麻，丢了西瓜。

捡了芝麻，丢了西瓜： 俗语。比喻为了小的利益，造成大的损失。

4 不管涉及的金额大小，他肯定要讨个公道。

讨公道： “公道”指公正的道理。“讨公道”意思是寻求一个公正的道理。例如：

① 对于这件事的最终责任问题，双方决定去消费者协会讨个公道。

② “您给个公道。”他委屈地对站在身旁的老人说。

交际任务 Tasks

一 辩论：一分钱的官司打不打

正方：维护权益，在所不惜

反方：得不偿失，不值得

二 编写小品并表演：退货

参考退货的商品：1. 在小摊上买的鞋子

2. 在百货商店/电器商店买的电器

3. 在超市买的食品

4. 在秀水/红桥市场买的名牌皮包

三 采访：你维权了吗？

参考问题：1. 你知道一分钱官司吗？

2. 你损失多少钱才会打官司？

3. 你同意“一分钱官司是小题大做”这个观点吗？

4. 你觉得哪些问题是大是大非的问题？

5. 你对名誉权怎么看？

6. 你对“得不偿失”如何理解？

四 模拟冲突调解

场　　景：宿舍

人　　物：学生甲、同屋/邻居

冲突事由：学生甲不满同屋/邻居发出过大的噪音，影响了他/她的正常生活。

参考词语：较真　小题大做　得不偿失　纠纷　讨公道　赔偿

追究　斤斤计较　大是大非　倒在其次　不至于

练习 Exercises

课文理解

一 简要复述课文第一部分"为一分钱打官司，值吗？"的大意

二 朗读下列句子，注意语气、语调

1. 一分钱能干什么呢？
2. 为一分钱打官司，值吗？
3. 一分钱官司有些小题大做，不必要为一分钱、一元钱去较真儿。
4. 试想，如果法院都把精力用于处理一分钱、一元钱的官司，怎能保证其他案件能得到及时的处理？
5. 在并非大是大非的问题上，何必斤斤计较？免得捡了芝麻，丢了西瓜。
6. 然而一分钱官司真能给被告方以教训吗？可能未必。
7. 不就赔一分钱吗？有什么了不起的？
8. 如果这个官司真有价值，真要维权，又何必只索赔一分钱呢？
9. 难道仅仅是为了讨一个说法吗？
10. 哪怕在市场上买几元钱的东西，不如意我也要吵一场架。至于上法庭打官司我没想过。

三 从课文第一部分找出作者认为"一分钱官司是小题大做"的理由。

1. ______________________________
2. ______________________________
3. ______________________________
4. ______________________________

词语练习

一 根据给出的解释，从课文中找到相应的词语或说法

1. 带有原则性、根本性的是非问题——
2. 比喻只有自己知道自己的真实感受——
3. 对微小的利益或无关紧要的小事过分注意——

4.（言论、事情等）众多而杂乱——
5. 寻求一个公正的道理——
6. 比喻不恰当地把小事当做大事来处理，有故意夸张的意思——
7. 比喻为了小的利益，造成大的损失——
8. 做一件事所得少而损失大，所得的利益抵偿不了所受的损失——
9. 不良的作风或风气——
10. 最初的愿望和心意——

二 词语归类

找出课文中与打官司有关的词语、说法。如：诉讼、法庭。

三 选词填空

众说纷纭	觉醒	小题大做	聘请
得不偿失	纠纷	追究	理论

1. 对这一焦点事件，社会各界（　　　　），观点不一。
2. 邻里之间的（　　　　）常常都是由一些小事引起的。
3. 消费者维护自己权益的意识已经渐渐（　　　　）了。
4. 她这个人总喜欢（　　　　），你不用太紧张。
5. 为了避免自己的权益受到损害，受害人特意（　　　　）了一位著名的律师为自己辩护。
6. 政府表示，一定要（　　　　）肇事者的法律责任。
7. 跟商店（　　　　）了半天，顾客终于把买到的劣质商品退掉了。
8. 在生活中追求渺小的目标，即使成功，也是（　　　　）的。

四 用指定词语完成对话

1. A：你孩子到底打算选什么专业？

   B：____。

   （视……而定　　初衷）

   A：你最好提醒他以后找工作可不容易。

   B：____。

   （告诫　　耗）

2. A：就这么点儿小事，你也要打官司吗？

B：____。

（大是大非　讨公道）

A：____。

（小题大做　追究）

B：那可不行！他们至少得给我一个说法。

3. A：你怎么又跟人吵架了？

B：____。

（理论　讨公道　较真儿）

4. A：听说有个新的法律可以保护消费者的利益。对此大家有什么看法？

B：____。

（众说纷纭　倒在其次　得不偿失　纠纷）

成段表达

一 模仿例子，完成句子

1. 如果法院都把精力用于处理一分钱、一元钱的官司，怎能保证其他案件能得到及时的处理？

如果每个人都不爱护环境，怎能……？

2. 对当事人来讲，受理费、聘请律师的费用远远不止一分钱、一元钱，实际上当事人也浪费了自己的时间和金钱，可以说是得不偿失。

……，可以说是得不偿失。

3. 权利受损后是否上法庭，要视心情或时间而定。

最终是否跟他结婚，要视……而定。

4. 如果是在寒、暑假期间，我有足够时间，我也会去告商家，商品的价值倒在其次。

如果我真的对钢琴感兴趣，……倒在其次。

二 模仿例句，说一段话

1. 从法律上讲，只要符合法律规定的受案范围，不管多少，法院都应当受理。

（1）旅行，只要好玩儿，不管是南方还是北方，我都……。

（2）运动，只要对身体好，不管……，我都……。

（3）……，只要……，不管……，都……。

2. 一分钱官司，实际上浪费了有限的司法资源。要把有限的司法资源用于处理各种矛盾，这关系到正义如何分配的问题。

（1）中学生迷恋网络，实际上危害众多，这关系到……。

（2）选择什么样的人做朋友，实际上……，关系到……。

（3）……，实际上……，关系到……。

3. 权利受损后是否上法庭，要视心情或时间而定，如果这件事让我非常生气，我就去告他。

（1）是否答应他的求婚要视时间而定，如果……就……。

（2）我是否跟父母住在一起要视……而定，如果……就……。

（3）是否……要视……而定，如果……就……。

4. 如果买的商品价值超过2000元钱，我就会去法院告他，因为我一个月才挣七八百元钱，2000元钱就值得告。

（1）如果我有足够的钱，我就会环游世界，因为我……。

（2）如果到了一个新的环境，我就会……，因为……。

（3）如果……，我就会……，因为……。

5. 哪怕在市场上买几元钱的东西，（如果）不如意我也要吵一场架。

（1）哪怕要走很远的路，如果你真的想去，我也……。

（2）哪怕你很有钱，（如果）……也……。

（3）哪怕……，（如果）……也……。

自由表达

一 谈谈你对课文中以下观点的看法

1. 通过一元钱官司的公正判决，可以增强公众对法治的信仰和信心。
2. 一分钱官司，有违以和为贵的中华民族传统。
3. 法律不是万能的，还是不要把法律判决当成道德审判。

二 自由讨论

1. 消费者是弱势群体吗？
2. 消费者维权容易吗？你知道“消费者权益保护法”吗？
3. 买到不满意的东西时，你是索赔还是退货？为什么？
4. 哪方面的索赔最难？
5. 打官司最大的问题是什么？
6. 你们国家如何处理贩卖假冒伪劣商品的人？
7. “知情权”是什么意思？
8. 什么是公益性诉讼？

相关阅读

消费索赔：损失多大你才告？

就有关“你损失多少钱才会打官司”的话题，记者在街头随机采访了百余名市民，市民来自社会的各个阶层，其中有律师、教授、工人、学生等八类人群。调查显示，70%以上的消费者认为自己在近一年的消费行为中其合法权益曾受到过伤害，而且涉及领域广泛。许多人表示，自己所购“问题商品”的价值只要超过自己月收入的三倍以上，就会考虑上法庭打官司。据报道，当权益受到损害时，有95%左右的消费者表示会主动采取各种行动以维护自己的合法权益。但令人关注的是，高达70%的人是以经济损失大小来决定采取何种方式维权的。在调查当中发现，六成以上消费者在权益受到损害时，首先想到的是找商家处理，30%以上的消费者会向消协投诉并且以此为戒不再购买该厂家产品，4%的人希望通过新闻媒体或职能部门解决，5%的人自认倒霉，不再理会。仅有1%的人，愿意直接通过法律途径来为自己讨公道，这部分人中有半数以上的人是因为认为自己受到的经济损失过大。

在回答何种原因才会使你放弃维权时，调查显示有两种情况，一是75%左右的消费者在消费权益受到侵害时，往往因“涉及的商品或服务金额太小，不值得”，从而放弃维权。此外，也分别有67%和58%的消费者往往会因为“投诉太麻烦，耗不起精力和时间，不想折腾”和“觉得负责接待的单位互相推诿，不及时处理，浪费时间”而放弃维权。

说一说： 1. 调查中，会主动采取各种行动以维护自己的合法权益的消费者有多少人？

2. 多数人放弃维权的原因是什么？

调查表明中国的消费者维权意识正在增强

据中国社会调查所连续四年在北京、上海、天津、重庆、武汉、广州等地对近六千名居民的调查表明，中国消费者的维权意识正在增强。

消费者的权利是指消费者在消费领域中所具有的权利。调查显示，绝大多数消费者认为自己的自主选择权能够得到保证，在消费过程中能根据自己的消费需求自主选择商品和服务。

有32%的消费者认为权益受损状况最严重的情况是发生在医疗领域；有23%的消费者表示在餐饮消费领域中权益受损状况最常见；有21%的消费者认为维修服务领域侵权现象严重；有23%的消费者认为购房、物业管理及装修领域的权益受损严重，而且到目前无法得到解决；有36%的消费者认为中介服务（包括职介、婚介、房屋中介等）存在的隐患最大；有25%的消费者认为车、船、飞机服务中消费者权益受损状况与日俱增；有11.4%的消费者认为电信行业损害消费者权益的事件频频发生，消费者的投诉均没有得到答复。

说一说： 在生活中，消费者哪方面的权益容易受到损失？

推荐欣赏：电影《有话好好说》

单元测试二（7~12课）

一 朗读下列句子（6分，每题1分）

1. 不久前发生的一件事一下子打乱了我的生活：我发现丈夫居然还保留着以前的情书和情人的照片！当时我真是又气又急。打电话问丈夫是不是还藕断丝连，他一言不发挂断了电话。
2. 一个节能灯、一台太阳能热水器能为节能减排作的贡献的确很小，可13亿人中只要有十分之一的人用它们来取代传统产品，那节约的能源、减少的碳排量都将会是天文数字！低碳生活可以让我们的身体更健康、环境更优美，何乐而不为呢？
3. 鼓励人读书，不是要人一头扎进书堆里，成为一个书呆子。重要的是一种感觉，即读书已经成为生活的基本需要，不读书就会感到欠缺和不安，就会自惭形秽，羞于对人说话，觉得没脸见人。
4. 对健康，有的人一叶知秋，未雨绸缪，关爱自己；有的人麻木不仁，任生命自生自灭。第一种人是聪明人，他们主动健康，投资健康，因而健康增值，长命百岁。第二种人漠视健康，无动于衷，结果健康贬值，英年早逝。不同的心态，不同的结局。
5. 填饱肚子，只解决人的最基本的生理需要，解馋就不一样了，吃的是一个痛快。现在生活水平提高了，山珍海味，八面来风，想吃什么应有尽有。下了班，跟二三知己找个好去处，什么招牌菜、看家菜，来个大快朵颐，不亦乐乎。
6. 一分钱的官司真能给被告以教训吗？可能未必。相反，被告会认为，不就赔一分钱吗？有什么了不起的？一分钱的法律责任，会使司法权威显得苍白无力，根本达不到惩罚的目的。

二 根据解释说出相应的词语（24分，每题1分）

1. 比喻使人更加愤怒或使事态更加严重——
2. 比喻依靠别人过活——
3. 驾着轻便的车在熟悉的路上走，比喻对情况熟悉，做起来容易——

4. 说一些漫无边际的闲话——
5. 眼睛都要望穿了，形容非常盼望——
6. 形容内容丰富，应有尽有——
7. 非常小或非常少——
8. 剩下的没有多少了——
9. 广泛地阅读很多书——
10. 学识渊博的人——
11. 顾不上睡觉，忘记了吃饭，形容专心致志——
12. 因（自己的相貌、举止等）不如别人而感到惭愧——
13. 心里一点儿触动也没有，毫不理会——
14. 比喻做了什么事，就会得到什么样的结果——
15. 形容有条有理，一点儿不乱——
16. 比喻用错误的、有害的办法来解决眼前的困难而不顾严重后果——
17. 十分欢乐的样子——
18. 任意糟蹋东西——
19. 吃东西不讲究，吃得过多——
20. 传说中一种贪吃的怪兽，比喻贪吃的人——
21. 比喻不恰当地把小事当做大事来处理，有故意夸张的意思——
22. 做一件事所得少而损失大，所得的利益抵偿不了所受的损失——
23.（言论、事情等）众多而杂乱——
24. 对微小的利益或无关紧要小事过分在意——

三 用指定词语完成对话（18分，每题3分）

1. A：小刘已经不高兴了，听到这个消息会更生气的。

 B：____。

 （火上浇油　　郁闷）

 A：是呀，给朋友出主意也要注意方法和技巧。

 B：____。

 （倾诉　　宣泄）

2. A：马克的女朋友外号叫“月光女神”，你知道为什么吗？

 B：____。

 （所剩无几　　零储蓄）

A：她在金融行业工作，收入应该不算少，怎么还会当月光族呢？

B：____。

（崇尚　　以……为乐）

3. A：你最大的愿望是什么？

B：____。

（博览群书　　饱学之士）

A：难怪总是看见你抱着一本书读得津津有味！

B：____。

（废寝忘食　　开卷有益）

4. A：马上到期末了，又得开夜车准备考试。

B：____。

（本钱　　漠视）

A：那你是怎么保持自己的健康的？

B：____。

（未雨绸缪　　透支）

5. A：今天咱们去哪里聚餐？

B：____。

（山珍海味　　应有尽有）

A：听说那里的老鸭汤很不错。

B：____。

（招牌菜　　讲究）

6. A：如果你的权益受到损害，你会选择打官司吗？

B：____。

（视……而定　　追究）

A：打官司也是有成本的，要花时间、花精力。

B：____。

（得不偿失　　小题大做）

四 从以下话题中抽取两个进行讲述（40分，每题20分）

1.（1）季英遇到了什么烦恼？她是怎么解决的？你怎么评论这件事？

（2）王国萍有什么性格特点？她为什么要开“聊吧”？你通常怎样帮助有烦恼的朋友？

2.（1）什么是“月光族”？他们有哪些特征？谈谈你对“月光族”的看法。

（2）出现“租生活”现象的原因是什么？“租生活”有哪些好处？你有没有“租生活”的经历或打算？

3.（1）读书的癖好能给人带来哪些变化？“有用的书”和“无用的书”的区别在哪里？介绍你喜欢读的一本书或一类书。

（2）造成阅读率下降的原因有哪些？专家认为图书市场存在哪些问题？你获取信息的主要来源是书籍还是电视和网络？

4.（1）哪些因素决定人们的健康？人们对健康的态度有哪几种？谈谈你的健康主张。

（2）为什么要提倡“慢生活”？快节奏的生活带来了什么问题？请描述你渴望的生活方式。

5.（1）吃有几种境界？哪种境界最值得追求？你经历过哪几种境界？

（2）关于吃，汉语都有哪些说法？你觉得哪个说法很有意思？为什么？

6.（1）对一分钱的官司值不值得打，有哪些不同的看法？你怎么看？

（2）在维权问题上，有哪些众说纷纭的观点？你赞同哪种观点？

五 回答提问（12分）（围绕第四题的话题及学生的讲述情况随机提问）

词语总表 Vocabulary

【说明】"等级 1"为该词语在《高等学校外国留学生汉语言专业教学大纲》和《汉语水平词汇与汉字等级大纲》中的对应等级；"等级 2"为该词语在 2010 年出版的《汉语国际教育用音节汉字词汇等级划分》中的对应等级。空白表示该词语未收入上述大纲。

序号	词语	拼音	词性	等级1	等级2	课号
A						
1	安逸	ānyì	形		三	10
2	暗示	ànshì	动	三、四	二	2
3	奥妙	àomiào	形			4
B						
4	吧	bā	名			7
5	白眼	báiyǎn	名			1
6	拜见	bàijiàn	动		附	6
7	包罗万象	bāoluó wànxiàng				8
8	煲	bāo	动		附	11
9	饱学之士	bǎo xué zhī shì				9
10	暴殄天物	bào tiǎn tiān wù				11
11	绷	bēng	动	丁	附	10
12	迸发	bèngfā	动			6
13	变迁	biànqiān	动	三、四	三	5
14	遍地	biàndì	副	三、四	二	3
15	辨认	biànrèn	动	三、四	三	8
16	别墅	biéshù	名	三、四	三	7
17	病理	bìnglǐ	名			2
18	病态	bìngtài	名			2
19	波及	bōjí	动	三、四	三	7
20	博览群书	bólǎn qún shū				9
21	不可或缺	bù kě huò quē				2
22	不可思议	bù kě sīyì			附	6
23	不谋而合	bù móu ér hé				9
24	不能自拔	bù néng zìbá				3

25	不一而足	bù yī ér zú				3
26	不知所云	bù zhī suǒ yún				3
			C			
27	裁定	cáidìng	动		附	12
28	惭愧	cánkuì	形	二	三	8
29	苍白无力	cāngbái wúlì				12
30	草草	cǎocǎo	副			6
31	瞠目	chēngmù	动			6
32	吃苦耐劳	chī kǔ nài láo				1
33	痴呆	chīdāi	形		附	5
34	叱咤风云	chìzhà fēngyún				1
35	赤膊	chì bó	离			11
36	冲动	chōngdòng	形	三、四	二	6
37	充沛	chōngpèi	形	三、四	附	10
38	崇尚	chóngshàng	动		三	8
39	筹划	chóuhuà	动		三	8
40	初衷	chūzhōng	名		三	12
41	垂头丧气	chuí tóu sàng qì		三、四	附	2
42	垂危	chuíwēi	动			12
43	纯粹	chúncuì	副	三、四	三	3
44	促销	cùxiāo	动		二	1
45	错位	cuò wèi	离		附	3
			D			
46	大快朵颐	dà kuài duǒyí				11
47	大行其道	dà xíng qí dào				6
48	代价	dàijià	名	二	二	2
49	担负	dānfù	动	二	三	3
50	淡泊	dànbó	形/动			10
51	当仁不让	dāng rén bú ràng				2
52	得不偿失	dé bù cháng shī		三、四	附	12
53	低三下四	dī sān xià sì				5
54	典故	diǎngù	名			11
55	殿堂	diàntáng	名		三	6
56	刁难	diāonàn	动		附	5

57	动荡	dòngdàng	形	三、四	三	7
58	动辄	dòngzhé	副			11
59	斗气	dòu qì	离			12
60	逗	dòu	动	一/2	三	9
61	独占鳌头	dú zhàn áotóu				1
62	端倪	duānní	名			9
			F			
63	发掘	fājué	动		三	4
64	乏味	fáwèi	形			9
65	法宝	fǎbǎo	名			1
66	反哺	fǎnbǔ	动			5
67	非分之想	fēifèn zhī xiǎng				1
68	废寝忘食	fèi qǐn wàng shí		三、四	附	9
69	纷纭	fēnyún	形			12
70	粉刷	fěnshuā	动			6
71	风靡	fēngmǐ	动			5
72	辐射	fúshè	动	丁	三	8
73	抚慰金	fǔwèijīn	名			12
74	负荷	fùhè	名	三、四		9
75	赋予	fùyǔ	动	三、四	三	2
			G			
76	高昂	gāo'áng	形		三	2
77	高论	gāolùn	名			11
78	格调	gédiào	名			8
79	更新	gēngxīn	动	三、四	二	3
80	耕耘	gēngyún	动			10
81	公道	gōngdào	名			12
82	公干	gōnggàn	动			2
83	贡献	gòngxiàn	动	一/2	二	8
84	呱呱落地	gūgū luò dì				5
85	挂钩	guà gōu	离	三、四		1
86	光鲜	guāngxiān	形			10
87	归属	guīshǔ	动	三、四	附	7
88	滚动	gǔndòng	动	丁	三	3

89	果腹	guǒfù	动			11
90	过度	guòdù	形	三、四	二	12
91	过关	guò guān	离	三、四	三	4
		H				
92	憨厚	hānhòu	形			6
93	汗颜	hànyán	动			8
94	毫无保留	háo wú bǎoliú				4
95	呼噜	hūlu	名			6
96	忽略	hūlüè	动	三、四	二	6
97	胡吃海塞	hú chī hǎi sāi				11
98	划拳	huá quán	离			11
99	环节	huánjié	名	三、四	二	4
100	回报	huíbào	动		二	5
101	回收	huíshōu	动	三、四	二	1
102	会所	huìsuǒ	名			7
103	火上浇油	huǒ shàng jiāo yóu				7
		J				
104	基层	jīcéng	名	二	二	4
105	基石	jīshí	名			6
106	急功近利	jí gōng jìn lì				9
107	寄人篱下	jì rén lí xià				7
108	兼职	jiān zhí	离	二	三	1
109	简约	jiǎnyuē	形			6
110	焦虑	jiāolǜ	形		三	2
111	焦头烂额	jiāo tóu làn é				5
112	搅	jiǎo	动	二	三	7
113	较真儿	jiàozhēnr	形			12
114	节能	jiénéng	动	丁	二	8
115	解馋	jiě chán	离			11
116	斤斤计较	jīnjīn jìjiào				12
117	津津有味	jīnjīn yǒu wèi		三、四	附	9
118	锦上添花	jǐn shàng tiān huā				3
119	谨记	jǐnjì	动			4
120	晋升	jìnshēng	动	三、四	三	4

121	精打细算	jīng dǎ xì suàn		三、四	附	8
122	精光	jīngguāng	形			8
123	拘泥	jūnì	动			2
124	沮丧	jǔsàng	动	三、四	三	2
125	巨头	jùtóu	名		三	4
126	聚餐	jù cān	离			11
127	聚拢	jùlǒng	动			3
128	觉悟	juéwù	名	一/2	二	8
129	觉醒	juéxǐng	动	三、四	附	12
			K			
130	开卷有益	kāijuàn yǒuyì				9
131	开销	kāixiāo	名	三、四	三	8
132	科普	kēpǔ	名	丙	三	2
133	可见一斑	kě jiàn yì bān				2
134	可人	kěrén	形			3
135	可憎	kězēng	形			9
136	恐怖	kǒngbù	形	二	三	2
137	恐惧	kǒngjù	形	三、四	三	2
138	口才	kǒucái	名		三	1
139	口角	kǒujué	名			12
140	跨越	kuàyuè	动		三	6
141	宽容	kuānróng	动		三	12
142	狂妄	kuángwàng	形	丁		4
143	困惑	kùnhuò	形	三、四	三	3
			L			
144	愣	lèng	副			7
145	理论	lǐlùn	动			12
146	利落	lìluo	形			5
147	利索	lìsuo	形		附	10
148	两相情愿	liǎng xiāng qíngyuàn		三、四		6
149	晾晒	liàngshài	动			8
150	吝啬	lìnsè	形			10
151	浏览	liúlǎn	动		三	3

M						
152	麻利	máli	形			3
153	麻木不仁	mámù bù rén		三、四		10
154	马拉松	mǎlāsōng	名			6
155	没辙	méi zhé	离	丁	附	3
156	扪心自问	ménxīn zì wèn				5
157	焖	mèn	动			11
158	迷恋	míliàn	动		附	3
159	灭绝	mièjué	动		附	5
160	敏锐	mǐnruì	形	三、四	三	1
161	摸黑儿	mō hēir	离			5
162	磨炼	móliàn	动			1
163	莫名其妙	mò míng qí miào		二	附	2
164	漠视	mòshì	动			10
165	眸	móu	名			6
N						
166	内涵	nèihán	名		三	5
167	酿酒	niàng jiǔ				8
168	扭曲	niǔqū	动	三、四	三	10
O						
169	藕断丝连	ǒu duàn sī lián				7
P						
170	排场	páichǎng	名	二		11
171	捧腹	pěngfù	动			9
172	披露	pīlù	动	三、四	三	6
173	疲惫	píbèi	形	丁	三	10
174	癖好	pǐhào	名			9
175	频繁	pínfán	形	二	二	2
176	聘请	pìnqǐng	动	二	二	12
177	迫切	pòqiè	形	乙	二	1
178	铺排	pūpái	动			4
Q						
179	其乐融融	qí lè róngróng				11
180	启发	qǐfā	动	一/2	二	8

181	恰到好处	qià dào hǎo chù		丁	附	6
182	千疮百孔	qiān chuāng bǎi kǒng				10
183	潜移默化	qián yí mò huà			附	2
184	浅斟低酌	qiǎn zhēn dī zhuó				11
185	戗	qiāng	动			5
186	抢手	qiǎngshǒu	形	三、四		1
187	切记	qièjì	动			1
188	勤快	qínkuai	形		三	1
189	青睐	qīnglài	动			3
190	轻车熟路	qīng chē shú lù				7
191	倾诉	qīngsù	动		三	7
192	倾斜	qīngxié	动	三、四	三	4
193	情结	qíngjié	名		三	7
194	趋同性	qūtóngxìng	名			8
195	取代	qǔdài	动	三、四	三	8
196	取悦	qǔyuè	动			4
197	缺失	quēshī	动		三	6
		R				
198	热泪盈眶	rèlèi yíng kuàng		三、四		5
199	人缘儿	rényuánr	名		附	7
200	认同	rèntóng	动		二	4
201	荣誉	róngyù	名	二	三	10
202	融化	rónghuà	动	丁	三	8
		S				
203	沙龙	shālóng	名		三	11
204	生疏	shēngshū	形	丁		3
205	实惠	shíhuì	形	三、四	二	8
206	始料未及	shǐ liào wèi jí				2
207	视而不见	shì ér bú jiàn				9
208	释放	shìfàng	动	二	二	3
209	首选	shǒuxuǎn	名/动			2
210	舒缓	shūhuǎn	形			10
211	疏远	shūyuǎn	动/形			2
212	束缚	shùfù	动	二	三	2

213	刷新	shuāxīn	动		三	6
214	衰	shuāi	动			9
215	顺心	shùnxīn	形		三	5
216	顺眼	shùnyǎn	形			5
217	诉讼	sùsòng	动	三、四	三	12
218	素描	sùmiáo	名		附	6
219	速溶	sùróng	动			6
220	所剩无几	suǒ shèng wújǐ				8
		T				
221	跆拳道	táiquándào	名			1
222	瘫痪	tānhuàn	动	三、四	三	5
223	饕餮	tāotiè	名			11
224	天平	tiānpíng	名		附	4
225	添置	tiānzhì	动			8
226	投其所好	tóu qí suǒ hào				4
227	透支	tòuzhī	动		三	10
228	图标	túbiāo	名			3
229	推陈出新	tuī chén chū xīn				3
230	脱颖而出	tuō yǐng ér chū		三、四	附	1
		W				
231	歪风邪气	wāifēng xiéqì				12
232	望眼欲穿	wàng yǎn yù chuān				8
233	危言耸听	wēi yán sǒng tīng				2
234	威信	wēixìn	名	丁	三	7
235	微不足道	wēi bù zú dào		三、四	附	9
236	为时已晚	wéishí yǐ wǎn				10
237	未雨绸缪	wèi yǔ chóumóu				10
238	蔚然成风	wèirán chéng fēng				3
239	文笔	wénbǐ	名			1
240	吻合	wěnhé	形		三	4
241	无动于衷	wú dòng yú zhōng				10
242	无可厚非	wú kě hòu fēi			附	6
243	无奈	wúnài	动		二	3
244	五花八门	wǔ huā bā mén			附	3

245	物我两忘	wù wǒ liǎng wàng				11
			X			
246	先锋	xiānfēng	名	三、四	二	8
247	闲置	xiánzhì	动			8
248	显而易见	xiǎn ér yì jiàn		三、四	附	3
249	献殷勤	xiàn yīnqín				7
250	相称	xiāngchèn	形			12
251	小题大做	xiǎo tí dà zuò				12
252	携手	xié shǒu	离		三	6
253	心切	xīnqiè	形			10
254	心事	xīnshì	名	二	三	7
255	薪水	xīnshui	名	丁	二	4
256	行头	xíngtou	名			8
257	形形色色	xíngxíngsèsè	形	三、四	附	2
258	形影不离	xíng yǐng bù lí			附	2
259	宣泄	xuānxiè	动		附	7
			Y			
260	雅兴	yǎxìng	名			11
261	烟消云散	yān xiāo yún sàn				6
262	俨然	yǎnrán	副			2
263	眼馋	yǎnchán	形			9
264	眼睁睁	yǎnzhēngzhēng	形			10
265	央求	yāngqiú	动	三、四		5
266	扬帆	yáng fān	离			10
267	养家糊口	yǎng jiā hú kǒu				5
268	养老送终	yǎng lǎo sòng zhōng				5
269	一见钟情	yí jiàn zhōngqíng				6
270	一味	yíwèi	副	三、四	三	10
271	一叶知秋	yí yè zhī qiū				10
272	一举	yìjǔ	副	丁	三	6
273	一鸣惊人	yì míng jīng rén				1
274	一矢中的	yì shǐ zhòngdì				4
275	因人而异	yīn rén ér yì			附	1
276	因噎废食	yīn yē fèi shí				2

277	引导	yǐndǎo	动	二	二	8
278	引荐	yǐnjiàn	动			3
279	饮鸩止渴	yǐn zhèn zhǐ kě				10
280	隐忍不发	yǐnrěn bù fā				1
281	应有尽有	yīng yǒu jìn yǒu		三、四	附	3
282	英年早逝	yīngnián zǎo shì				10
283	营销	yíngxiāo	动			1
284	应对	yìngduì	动		二	4
285	应运而生	yìng yùn ér shēng		三、四		6
286	由衷	yóuzhōng	动		附	5
287	有条不紊	yǒu tiáo bù wěn				10
Z						
288	栽培	zāipéi	动	三、四	三	12
289	在意	zài yì	离	三、四	三	1
290	责无旁贷	zé wú páng dài				5
291	增值	zēngzhí	动		二	10
292	展现	zhǎnxiàn	动	二	二	4
293	招聘	zhāopìn	动	二	二	4
294	招儿	zhāor	名			7
295	阵势	zhènshì	名			7
296	振奋	zhènfèn	动	三、四	三	10
297	拯救	zhěngjiù	动		三	10
298	知己	zhījǐ	名		三	11
299	知足	zhīzú	形		三	5
300	直截了当	zhíjié liǎodàng		三、四		4
301	直抒胸臆	zhíshū xiōngyì				3
302	志同道合	zhì tóng dào hé		三、四		3
303	质朴	zhìpǔ	形	三、四	附	6
304	致癌	zhì ái				7
305	中介	zhōngjiè	名	三、四	二	1
306	瞩目	zhǔmù	动		三	10
307	注定	zhùdìng	动		三	6
308	转型	zhuǎnxíng	动		三	6
309	撰稿人	zhuàn gǎo rén				5

310	装帧	zhuāngzhēn	名			9
311	状告	zhuànggào	动			12
312	追究	zhuījiū	动	二	二	7
313	追踪	zhuīzōng	动		三	6
314	酌	zhuó	动			8
315	资深	zīshēn	形		三	8
316	资讯	zīxùn	名		三	3
317	自惭形秽	zì cán xíng huì				9
318	自生自灭	zì shēng zì miè				10
319	走眼	zǒu yǎn	离			4
320	租赁	zūlìn	动	二	三	8

专有名词 Proper Nouns

序号	词语	拼音	课号
H			
1	黄山谷	Huáng Shāngǔ	9
L			
2	林语堂	Lín Yǔtáng	9
3	罗素	Luó Sù	9

部分练习参考答案

第1课 · 词语练习

一
1. 装（点）门面
2. 砸（在）手里
3. 独占鳌头
4. 三寸不烂之舌
5. 一鸣惊人
6. 叱咤风云
7. 非分之想
8. 白眼
9. 因人而异
10. 脱颖而出

三
1. 迫切
2. 在意
3. 口才
4. 挂钩
5. 因人而异
6. 独占鳌头
7. 法宝
8. 非分之想
9. 脱颖而出
10. 叱咤风云

第2课 · 词语练习

一
1. 帽子
2. 始料未及
3. 形形色色
4. 当仁不让
5. 垂头丧气
6. 形影不离
7. 不可或缺
8. 潜移默化
9. 因噎废食
10. 危言耸听

三
1. 垂头丧气
2. 不可或缺
3. 形形色色
4. 潜移默化
5. 始料未及
6. 因噎废食
7. 形影不离
8. 莫名其妙
9. 当仁不让
10. 危言耸听

第3课 · 词语练习

一 1. 没辙
2. 显而易见
3. 不一而足
4. 蔚然成风
5. 迄今为止
6. 推陈出新
7. 志同道合
8. 锦上添花
9. 不能自拔
10. 不知所云

三 1. 志同道合
2. 应有尽有
3. 五花八门
4. 直抒胸臆
5. 推陈出新
6. 不知所云
7. 显而易见
8. 蔚然成风

第4课 · 词语练习

一 1. 狂妄
2. 直截了当
3. 投其所好
4. 取悦
5. 吻合
6. 一矢中的
7. 看走眼
8. 谨记
9. 敲门砖
10. 毫无保留

三 1. 一矢中的
2. 毫无保留
3. 展现
4. 晋升
5. 过关
6. 环节
7. 投其所好
8. 看好

第5课 · 词语练习

一 1. 尊老爱幼
2. 热泪盈眶
3. 低三下四
4. 扪心自问
5. 焦头烂额
6. 刁难
7. "空巢"家庭
8. 责无旁贷

三 1. 焦头烂额
2. 低三下四
3. 热泪盈眶
4. 养老送终，责无旁贷
5. 养家糊口
6. 扪心自问

第6课·词语练习

一 1. 不可思议
2. 无可厚非
3. 草草
4. 一见钟情
5. 烟消云散
6. 青梅竹马
7. 两相情愿
8. 应运而生
9. 恰到好处
10. 马拉松

三 1. 应运而生
2. 两相情愿
3. 不可思议
4. 恰到好处
5. 无可厚非
6. 烟消云散
7. 青梅竹马
8. 一见钟情

单元测试一（1~6课）

二 1. 一鸣惊人
2. 因人而异
3. 非分之想
4. 脱颖而出
5. 潜移默化
6. 当仁不让
7. 危言耸听
8. 形影不离
9. 蔚然成风
10. 志同道合
11. 不能自拔
12. 锦上添花
13. 投其所好
14. 一矢中的
15. 敲门砖
16. 毫无保留
17. 扪心自问
18. 热泪盈眶
19. 责无旁贷
20. 尊老爱幼
21. 无可厚非
22. 一见钟情
23. 青梅竹马
24. 两相情愿

第7课·词语练习

一
1. 寄人篱下
2. 热心肠
3. 搞定
4. 献殷勤
5. 藕断丝连
6. 人缘儿
7. 轻车熟路
8. 东拉西扯
9. 火上浇油
10. 热线

三
1. 自恋情结
2. 轻车熟路
3. 寄人篱下
4. 藕断丝连
5. 东拉西扯
6. 火上浇油
7. 倾诉
8. 热心肠

第8课·词语练习

一
1. 所剩无几
2. 包罗万象
3. 精打细算
4. 望眼欲穿
5. 微乎其微
6. 资深
7. 精光
8. 天文数字

三
1. 微乎其微
2. 崇尚
3. 望眼欲穿
4. 包罗万象
5. 精打细算
6. 所剩无几
7. 实惠
8. 发挥余热

第9课·词语练习

一
1. 敲警钟
2. 博览群书
3. 视而不见
4. 不谋而合
5. 倒胃口
6. 微不足道
7. 自惭形秽
8. 急功近利
9. 一竿子打翻一船人
10. 嗜……如命

三 1. 嗜书如命，津津有味
2. 不谋而合
3. 开卷有益
4. 博览群书，饱学之士
5. 微不足道
6. 刮目相看
7. 废寝忘食
8. 自惭形秽

第10课 · 词语练习

一 1. 种瓜得瓜，种豆得豆
2. 透支
3. 为时已晚
4. 一叶知秋
5. 未雨绸缪
6. 无动于衷
7. 饮鸩止渴
8. 千疮百孔
9. 吝啬
10. 麻木不仁

三 1. 为时已晚
2. 有条不紊
3. 无动于衷
4. 千疮百孔
5. 自生自灭
6. 未雨绸缪
7. 饮鸩止渴
8. 麻木不仁

第11课 · 词语练习

一 1. 衣不蔽体，食不果腹
2. 大快朵颐
3. 物我两忘
4. 其乐融融
5. 胡吃海塞
6. 暴殄天物
7. 饕餮
8. 赤膊
9. 招牌菜
10. 看家菜

三 1. 其乐融融
2. 胡吃海塞
3. 暴殄天物
4. 应有尽有，大快朵颐
5. 赤膊上阵
6. 山珍海味

第12课·词语练习

一 1. 大是大非
2. 鞋子是否合脚只有自己知道
3. 斤斤计较
4. 纷纭
5. 讨公道
6. 小题大做
7. 捡了芝麻，丢了西瓜
8. 得不偿失
9. 歪风邪气
10. 初衷

三 1. 众说纷纭
2. 纠纷
3. 觉醒
4. 小题大做
5. 聘请
6. 追究
7. 理论
8. 得不偿失

单元测试二（7~12课）

二 1. 火上浇油
2. 寄人篱下
3. 轻车熟路
4. 东拉西扯
5. 望眼欲穿
6. 包罗万象
7. 微乎其微
8. 所剩无几
9. 博览群书
10. 饱学之士
11. 废寝忘食
12. 自惭形秽
13. 无动于衷
14. 种瓜得瓜，种豆得豆
15. 有条不紊
16. 饮鸩止渴
17. 其乐融融
18. 暴殄天物
19. 胡吃海塞
20. 饕餮
21. 小题大做
22. 得不偿失
23. 纷纭
24. 斤斤计较